예쁘게 말하는 네가 좋다
마음을 움직이는 대화의 온도

我喜歡說話漂亮的你

觸動人心的對話溫度

金範俊김범준—著
陳思瑋—譯

好評推薦

漂亮話還沒說出口，心裡就會因為滿滿的善意而柔軟。我們的話語，可以成為他人的動章，可以激勵聽者內在的潛能，可以是救人於危亡的繩索。但相反來說，因一時衝動而說錯話，也可以成為傷人的利劍，對話還沒結束，說不定關係就已經結束了。

讓我們藉著這本書涵養自己，讓我們的存在，變成自利、利他的寶物。深深地祝福您！

——洪仲清／臨床心理師

「守護對方重視的價值與尊嚴」深深觸動我的心，這才是真正的設身處地，將心比心。

還有，話語中的「鼓勵」能帶來感動人心的力量，是因為讓人感受到：他人對自己有信心，也點燃自己對生命的希望。

——洪培芸／臨床心理師、作家

剛開始投入聲音教學時，我的師父跟我說：「聲音，就如同穿衣打扮和禮儀，不僅僅是我們的形象，也代表我們怎麼把他人放在心上。」

有些人聲音很好聽，但讓人覺得做作，那是因為，他只考慮到自己的表現，忽略了聽者的存在。聲音動聽的關鍵，其實就是對人用心。

漂亮的話也是一樣，懂得說漂亮話，其實代表了一個人重視他人的感受、站在他人的立場思考、尊重他人所重視的價值等。

溫度，是心與心的靠近。只要人們願意把他人放在心上，而且具體展現在說話上，相信不僅會為人際關係帶來正面效益，世界也會因你而更溫暖！

——羅鈞鴻（小虎）／聲音教練、《有溫度的溝通課》作者

前言

感謝那些把話說得漂亮的人

希望有越來越多人懂得把話說得漂亮。

真的不想再聽到讓人身心俱疲、粗魯又冷漠的話語了。一場不知何時才會結束的新冠疫情，人們只能保持社交距離，我們期待和他人對話並建立關係，不過，當我們再次面對面時，卻又懷念起疫情高峰期。老實說，這真的很怪，明明就很想念，但再次見面，卻無法縮短心與心之間的距離，而這全都是因為話語的關係。

這就是為什麼話必須說得漂亮，因為只有如此，我們才能再次接近彼此、建立關係，並且一起相處。

我們想透過對話實現的理想狀態，並非「不自在」「害怕」或「其實自己一個人很自在」，而是想感受到「自在」「快樂」與「在一起真好」。要實踐這種理想，就要靠漂亮的話。有邏輯的話、冷靜的話、分析的話都很好，不過，我們現在最需要的話是「漂亮的話」。

我第一次學高爾夫球時，揮了桿，球卻打偏，飛往奇怪的方向，一位曾鼓勵我的前輩說：「哇，金代理，你只要打對方向就沒問題了，你揮桿的姿勢就跟高爾夫球選手朴世莉一樣啊！」

他怎能把話說得那麼漂亮！我瞬間覺得前輩跟暖男一樣。我當然很感謝他，不僅覺得他很高雅，還覺得他家教很好。

談到漂亮的話，我第一個想到的，是孩子對父母所說的話。其實，孩子都把話說得很漂亮，雖然他們本來就很漂亮了，但仔細聽他們說話，也會覺得非常美麗。這也是為什麼很多父母會因為孩子的一句漂亮話而忘記世間煩憂，進而產生「沒錯，我就是為此而活」的勇氣。

三歲的女兒得知自己將要有弟弟了，摸著媽媽的肚子說：「弟弟啊，不要讓媽媽不舒服，快出來跟我一起玩吧。」

上幼稚園的兒子晚上躺在爸爸身旁說：「我今天在幼稚園裡真的超級想爸爸。」

爸爸鬱悶地說朋友跟他炫耀名牌錶，兒子聽到便天花亂墜地說：「爸爸你就是名牌，而且以後我會買名牌送你，送到你煩。」

小學三年級的女兒說：「當媽媽的女兒真的好幸福！」

小學五年級的兒子跟爸爸一起打球時說：「很高興爸爸是我的爸爸。」

這些都是光聽就讓人心情大好的話。

還有很多會說漂亮話的國、高中生，「爸，你還是很帥耶！」「媽，妳現在還是跟明星一樣漂亮！」即使這些話可能是為了討零用錢的策略性發言，但我們也不得不承認，這些話講得真漂亮。

說實在的，這幾段話光是用讀的，不就讓我們心情變好了嗎？我想，孩子之所以可愛，應該不是因為「是我生的」，也不是因為「長得好看」或「成績優異」，而是因為他們不求回報地對父母說漂亮的話吧。看到這些情況，我覺得，也許父母與孩子之間，先給予安慰、感動、幸福的，不是父母，而是孩子吧。

遺憾的是，經歷競爭、走入社會後，原本和氣、溫暖、正直、漂亮的孩子，與美麗的話語漸行漸遠，還學了不好的、奇怪的話語，並時常將這些話掛在嘴邊，荒廢了自己的情感。也許這一切行為的後果，就是我們現在的模樣。不過，越是如此，我們越要再次思考何謂漂亮的話，努力成為說話漂亮的大人吧。

希望我們在靠近他人、面對他人，以及建立新關係前，能夠確認一下說出口的話，確認我們是否適切地說出漂亮的話。

當然，也有不少大人懂得如何說漂亮的話。一位高中老師說，當學生沒有知會就缺席時，他在聯絡學生並詢問原因時，不會問「為什麼不來學校」，而是問「為什麼沒來學校呢」。「不」和「沒」，雖然只有一字之差，但對聽到的學生而言，感受全然不同。因為如果問「為什麼不來」，會有種「你不想來吧」的感覺，但如果問「為什麼沒來呢」，意思就變成：

「發生什麼事了？有什麼需要幫忙的嗎？」這就是用漂亮話讓對方卸下心防並拉近距離的好例子。

漂亮的話，能帶給人很大的力量，讓人變得積極。想要相互靠近、面對彼此，最終持續關係，是我們人類的樣貌，也是形塑社會的根本樣貌，而漂亮的話就是這一切的起始。

有人說，就算只是在見面的開始與結束時說聲「謝謝」與「對不起」，也能給對方留下很美的印象。假設你是上班族，如果有人在會議開始前，看著放在自己座位上的資料說：「我會懷著感謝閱讀這份資料。」會議結束後說：「我應該整理好會議室再走的，很抱歉沒能幫上忙。」你肯定會想親近用這種方式說話的人吧。

疫情期間，我們追求「自己一個人」，雖然獨處也有好處，但我們不得不承認，比憂鬱更恐怖的，是我們必須獨自經歷寂寞與孤獨的記憶。現在，靠近彼此的時刻來臨了，當那些不懂得如何接近他人的人沒禮貌地靠近時，我當然還是會害怕，但我認為，要是過分迴避的話，就很難好好地生活了。希望我們別因他人的醜話而受傷，希望我們要說的漂亮話，能毫無保留地傳達給世界。這肯定需要努力，因為魯莽地接近他人，反而會出問題。

與其在不了解對方、不知道怎麼跟對方說話的情況下，就想改變對方的日常生活，更好的做法是，先了解對方喜歡什麼、討厭什麼，然後再找出最漂亮的話來表達。

一位上班族做錯了某件事，直屬上司對他說：「沒關係，只要是系統能解決的就沒關係，別太擔心。」聽到這些安慰的話，他非常感動。如果你覺得這件事很難的話，它就會很難，但如果是這麼簡單的漂亮話，我們應該完全有辦法對別人說，對吧？只要觀察自己與他人的距離，並且說出符合距離的一句話就可以了。

不論年齡、性別，現在，我們迫切需要能讓彼此加深理解的對話與溝通。在解除社交距離，不，應該說，在解放的這個時候，我們應該把如何接近他人、如何彼此相處當作日常話題，仔細了解自己心中的問題後，學習說出那些我們想傳達的漂亮話，積極活用說漂亮話的優點。

希望這本書能讓我們一起找到縮短心之距離的溝通方法，甚至找出在往後人生中建立幸福關係的方法。

會變好吧？會變好的！

希望讀了這本書的你，能習慣說漂亮的話。

金範俊

CONTENTS

PART 2

面對：維持心之距離的說話練習

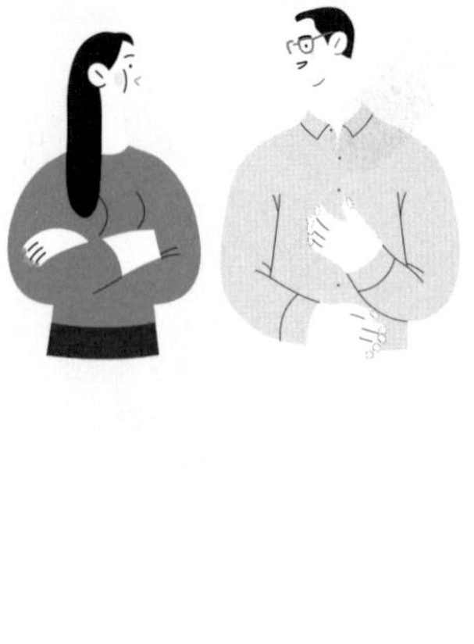

PART 3

延續：讓關係持續的說話練習

序

懂得親近他人的人，說一口漂亮話

直接與人面對面的日子又回來了，人們聚在一起，一起談話，已逐漸成為理所當然的事。

不過，有件事有點奇怪，韓國最具代表性的企業之一NAVER，投入四千八百三十億韓圜，蓋了新辦公大樓「Naver 1784」，雖然現在社交距離限制已解除，NAVER仍宣布要延續疫情時期的居家辦公工作模式。

NAVER從二〇二二年七月開始導入「Connected Work」制度，取消每週上班五天的制度，員工不僅能自由選擇工作時間，還能自由選擇工作場所。這項制度有很多類型，「類型R」尤其特別，一週五天能在家裡或公司以外的其他場所工作，必要時再進辦公室即可。當然，辦公室裡也沒有固定座位。應該很多人會羨慕地想：「哇，這是真的嗎？」

進一步了解後才得知，這種工作型態完全反映了組織內部成員的意見。NAVER對總公司員工進行調查，詢問大家對疫情後工作方式的偏好，結果顯示，喜歡每週進辦公室五天的員工只有二・一%，喜歡每週居家辦公五天的呢？足足有四一・七%。

NAVER的代表崔秀妍表示：「與其追究在何時、何地工作，NAVER更專注於『工作本身的價值』，以信任為基石，創造績效。我們以NAVER獨有的文化為基礎，導入新的工作制度，往後也將專注於工作的本質上，探索多元的方案，讓員工能在優質的環境下投入工作。」

NAVER並沒有將遠距工作模式認定為永遠的工作制度，但為了那些習慣與人維持適當距離或習慣居家辦公的員工，NAVER會考慮是否該節制隨意靠近彼此的行為，思考公司該如何親近員工、如何面對員工、如何藉此維繫員工之間的關係，最終如何向顧客提供最佳的服務與商品，因而得出這個暫定的結論。

像NAVER這樣的公司，也不會隨意接近自己的員工。因為經過漫長的新冠疫情與無數的犧牲後，我們才意識到，接近他人是要非常小心謹慎的。

NAVER的新工作制度有個有趣之處，在每週五天完全居家辦公的制度下，公司仍建議員工每個月有一次「面對面的團隊合作日」，提醒大家不要忽略了彼此面對面的重要性。那麼，透過調和面對面與遠距溝通，NAVER想告訴員工什麼觀念呢？

我想，他們應該就是要告訴員工「說漂亮的話」吧。人們經過長時間的分離而意識到，以往脫口而出的那些難聽、奇怪、醜陋的話語都應該摒棄，在新世界裡，只有表示無條件的尊重、溫暖、同理的漂亮話語，員工與公司才能增添企業價值。

為了因應再次見面後可能產生的尷尬，考量到組織和成員之間、成員彼此之間應保持適當距離，所以NAVER才得出這個結論吧。先為動搖不安的心保留時間與空間，穩定下來後，再以平和的心態，彼此逐步靠近，這種作為真讓人印象深刻。

關於「自在」一詞，大多數人都覺得自己一個人時是自在的。但自己一個人，與身邊沒有人是不一樣的。疫情改變了人與人的關係，強迫我們遠離本來在身邊的人，應該有人因此感到更自在，但人類終究無法獨自生活。

我想請問大家，各位準備好了嗎？想如何靠近他人呢？想以怎樣的心情面對彼此呢？

希望你能從一句漂亮的話中，找到與他人恢復關係的第一步。

有很多方法能讓相處變得更自在，希望我們能了解這些方法並付諸行動。我們應該不會想在已經改變的世界裡，沿用過時的對話方法吧？如果我們還用以往那些難聽、奇怪、醜陋的話語，去接近已習慣獨自工作的人，不僅對方不會接受，我們也只會嘗到被冷淡拒絕的滋味而已。

想像一下，大家重返辦公室，如果再次見到的人跟你之間有以下這段對話，你們真的能親近彼此嗎？

對方：這不是我想要的報告，你真的有思考過嗎？

自己：什麼？我已經盡力了，你到底還要我再多做什麼？

帶刺的話，一言以蔽之，就是醜陋無比的話，如果空間中充滿這種帶刺的話，光用想的就很可怕。像刺蝟一樣只想著自己的人，之前被疫情束縛住，現在要再次對話，我很擔心衝突可能會比以前更嚴重。

如果懂得親近他人，只要對方不是故意要欺負人的話，不論對方說了什麼，你應該可以這樣說：

對方：這不是我想要的報告，你真的有思考過嗎？

自己：你說的對，我也覺得很遺憾。

這回答也沒什麼了不起吧？但這簡單的一句話，就決定了我們與對方的關係。在這段關係恢復期裡，找到「休息」與「從容」是很重要的。我們可以輕易地把對方不開心的話切斷，只要你不反駁對方，你就具備能親近世上

所有人的能力。用肯定回應否定，如此的你，無比美麗。

有天，我看到一個名為「顯而易見的事」的韓國社群，社群裡有人分享一篇文章，文章說明了一句話就能將人推很遠的道理，內容多少有些消極，但也很好笑。

以「我的意圖是……」開頭的話，聽到最後通常都是意圖不軌的。

以「我有話要對你說……」開頭的話，聽到最後都不是讓人開心的。

以「結論是……」結尾的話，聽到最後總是不知道結論是什麼。

以「尊敬的……」開頭的話，聽到最後其實是不想尊敬的意思。

以「不是為了錢才說的……」開頭的話，聽到最後就是為了錢才說的。

以「不要覺得這種話聽了心情不好……」開頭的話，聽到最後都會讓人心情很差。

以「只要幫我這一次就好……」開頭的話，聽到最後都不會是只幫一次就結束的事。

說話是如此困難，這也是為什麼用一句話疏遠他人，比用一句話親近他人更容易。解決方法是什麼呢？答案就是「漂亮的話」。也許是為了保護自己，也許是為了和他人建立美好的關係，也許是想盡一份心力，創造比昨天更好的世界，答案都是一樣的。覺得這件事很難的話，它就會很難，但只要從小地方開始謹慎發言，相信我們的「把話說漂亮計畫」一定會成功，無庸置疑！

Part
1

靠近：縮短心之距離的說話練習

人生是關係的延續，關係是由他人不斷抓住我們的瞬間而構成。觀察是真實記錄下這些瞬間的努力，這才是我們親近他人的對話起點。

讓人疏遠的話和讓人親近的話

日本有位三十多歲的青年開創了一項服務，這項服務的名稱很有意思，叫做「出租什麼都不做的人」。這位一九八三年生的男子以前在職場上工作，因為績效壓力與人際關係困難而辭職了，辭職後，他思考著這麼多時間該如何度過，最後，他開創了將自己的個人時間租借給他人的服務，這項服務馬上大受歡迎。

在遊樂園的雲霄飛車上，坐在隔壁座位陪伴客戶，和穿著卡通服裝的客戶一起在市中心的餐廳吃咖哩，默默地與提交離婚文件的客戶同行等，這種陪伴服務維持著人與人間適當的距離，讓素未謀面的人感到自在與滿足。其實，申請這項服務的人原本可以獨自完成那些事，但他們找到了一個什麼都不做的人來陪自己。這項服務正中人類心理，那種「想自由，卻討厭孤獨」

「被人傷害過，卻還是只能找人療傷」的心理。

我在電視節目《玩什麼好呢？》看到一段內容，節目使用韓國的二手交易平台「胡蘿蔔市場」，交易主持人劉在錫的時間。平台使用者透過申請，就能和劉在錫共度一段時間。其中一段內容是劉在錫親切地教想學騎腳踏車的申請人騎車，申請人最後成功學會騎腳踏車，他的喜悅，我至今都還記得。這就像「出租什麼都不做的人」一樣，這個例子讓我們看到，人最終會在與他人共度的時光中找到自己。

仔細想想，關係的起點，也就是靠近他人，真的要謹慎且敏銳地計畫。無論我們帶著多少善意說話和行動，突然闖進他人的地盤，一不小心就可能變成某種暴力。

那麼，我們該如何開始靠近他人呢？在以下的句子中，你會選擇哪種表達方式，傳達哪種心意給他人呢？

「我想得到你。」

「我想得到你的某樣東西。」

第二句應該是我們大多數人的心聲。如果不是日常情境，而是在工作場合上，為了績效而需要得到合作夥伴同意的話，那就更是如此了。老實說，如果想要的東西已經到手，有時候就不想再見到對方，但這種心情終究會在對話過程中暴露出來。

我建議你保有如第一個句子般的心意。如果對話只是為了得到「對方的某樣東西」，那麼溝通會變得無聊又無趣。我們應該懷著想得到「對方本人」的心態來對話，如果能得到對方，接下來當然就會得到對方的某樣東西，所以不要著急，因為靠近他人也是要有禮貌的。

溝通建立在「得到他人」這個目標之上。除了自己以外的所有人都是他人，我們時刻意識著他人，為了獲得他人的理解而活，這就是我們的人生。如果否定這項根本的前提，那麼說話、對話、溝通就都是多餘的了。

當然有人會說：「難道我們活著只是為了獲得他人的理解嗎？」

會說出這種話的原因是，雖然我們不知道為什麼，卻在關係中因他人的言語和行動而心靈受創。不過，對此我還是想稍微冷漠地回答：「如果不企圖努力獲得他人的理解，那我們就得獨自生活。」

對話的前提是「社會」，如果我們高喊：「說什麼溝通嘛？人生是自己一個人過的！」這種態度是無法讓我們成為社會的一份子的。

大方地期望他人的理解吧！為此，請你回頭審視自己與他人的對話。我們必須有能力在適當的時機，用適當的方法說話。

為了靠近他人，開頭的話語尤其重要。

講到這，大家又會搞錯，誤以為對話就是要先發制人，所以大家會主動打招呼，還會過度誇大地介紹自己。私生活是需要謹慎碰觸的領域，我們卻滔滔不絕地討論起俗稱戶口調查的話題，討論著年齡、宗教、學歷等雞毛蒜皮的事。可能很多人認為溝通是積極主動的過程，所以才會用「先衝吧」的方式進逼。

雖然根據情況不同，這種態度也可能有助於縮小與他人的距離，但一般來說，很容易失誤。所以，我反而想告訴大家以下的重點：

- **不要一開始就費心地想自己該說什麼。**
- **不要一開始就表達自己想要的東西是什麼。**

當我們想從對方身上得到些什麼的時候，我們就做錯了。先了解對方是怎樣的人，則可以減少失誤。因此，對話前請先想一想「這個人到底是誰」，先專注於了解對方到底是怎樣的人，不要一味地把自己的東西倒在別人面前，還想得到對方的東西。請停止這種模式的溝通。

先仔細聽對方說，關心對方，要是還能進入「觀察」階段就更好了。

「了解溝通」是什麼意思呢？並不是了解很多溝通技巧的意思，而是為了良好的溝通，我們要確定「我了解對方什麼」，這樣一來，我們才能接近他人，期待有朝一日能溫暖地面對對方。

《論語》中有句這樣的話：「知之為知之，不知為不知，是知也。」承認自己不了解對方，再接近對方，如此一來，我們說出口的話就會成為讓彼此親近的出發點，而不是讓彼此疏遠。

明明不了解對方，還隨意說出自己想要的東西，會怎樣呢？這種話往往是出於錯誤判斷，只會讓關係斷絕。

為了親近彼此，我們應該從話語中觀察「我了解對方什麼」。如果能準確回答，那麼對話將朝著不錯的方向順利前進。

所有關係都從我的一句話開始

一位高階主管為了改善組織文化，決定包下電影院，和近五十名員工一起吃飯、看電影，電影結束後輕鬆地喝杯啤酒。日期和地點，還有要看的電影都確定了，員工們也配合活動時間，調整自己的行程。

活動幾天前，員工們突然收到信件通知，因為主管有其他行程，活動將延期兩天。然後第二天，他們又收到信件，原本要看的電影換成了另一部，因為主管決定和家人一起看那部電影。這時，員工們應該會想：「之後應該又會變更吧？」

活動的目的是「改善組織文化」，這是好事，主管大費周章地準備，請大家一起吃飯、看電影、開心地喝啤酒，但組織文化是否因此而改善了呢？還是這場聚會成了最糟糕的活動，讓員工覺得這是一個主管會隨意改行程、換電影的奇怪組織？

肯定也有員工心想：「這種活動很棒，剛好又是我想看的電影，電影結束後，邊喝啤酒，邊和組長聊了很多。」

但員工們對於這場活動會不會有其他的想法呢？「這麼好看的電影，我為什麼得坐在主管旁邊看？而且他單方面變更行程，害我得取消晚上的約會。」

主管想辦活動，又覺得：「因公事和私事而改時間、換電影，大家應該能體諒吧。」於是在這種情況下舉辦了活動。在此我跟大家坦承，我也曾經跟這位主管沒兩樣，用一句話形容的話就是，以「自己的方式」過生活，不懂得如何靠近他人、面對他人，也不懂得如何維持關係，實在是很丟臉。

在對話方面尤其如此。對話是與人際關係相關的技術，因此，比起「自己的方式」，更需要以「對方的方式」來進行對話。這是種需要謙虛美學的技術，我們卻沒能做到這一點。在這個彼此用力展現自己有多優秀的年代，大家都把自己與眾不同的優勢當作了不起的武器運用，不懂得降低自己的姿態。然而，這種放下的技術，才是對話的起點。

我有個遺憾，要是以前的我有勇氣放下自己，關心他人就好了。我現在已經拋開那份遺憾，開始找尋謙虛的說話方式。但是我很茫然，就以說服為例，關於「該如何找出自己與競爭者的差異來說服他人」，我真的很難回答。

不論是私人對話還是公事討論，要找出能接近彼此、見面、最終持續對話的方式並不容易。這就產生了一個問題：我們的大學為什麼不教那些即將進入社會的準社會人士如何透過對話解決衝突呢？小學就不用說了，國、高中時期，我們為什麼沒有好好學過怎麼利用溫暖的對話，給彼此力量呢？

出社會後覺得辛苦，是因為專業知識或英語能力不足嗎？比起這些能力，說話、傾聽，還有人際關係等，不是更容易成為問題嗎？

其實，人際關係的核心就是溝通，但諷刺的是，很少人擅長溝通，這是我們必須克服的課題，不過，換個角度想，也可能是個好機會。這又是什麼意思呢？

意思就是，即使只說了一句漂亮話，你就幾乎獲得了與眾不同的優勢。那麼，「一句漂亮話」，最重要的關鍵字又是什麼呢？我覺得是「謙虛」，你也可以把它想成「放下」或「捨棄」。

謙虛的意思是，以「對方的方式」來思考和說話。即使說得不多，說得不用力，但如果以「對方的方式」，而不是「自己的方式」說話，我們就能得到許多過去得不到的東西。

了解對方生活的規則和我不同，不是說自己想說的話，而是說對方想聽的話，這就是靠近對方的標準方法。

放下自尊，謙虛地說話，這是弱者的說話方式嗎？不是的。改革世界的人，反而有勇氣放下自己，說出替對方著想的話。

我看過賈伯斯的一段影片，那是在iPhone問市之前，賈伯斯在產品發表會上介紹目前已經停產的iPod。在幾十分鐘的介紹中，賈伯斯只是一直強調「小」的概念，從頭到尾只說「我們公司的產品很小」，這種溝通魅力實在了不起。

他的表演很有趣，他將牛仔褲的小口袋特寫投放到大螢幕上，對聽眾提出以下的問題：「這個口袋究竟有什麼用途呢？」當大家還在對他的話感到好奇時，他直接從口袋裡掏出iPod，然後簡單說明它有多輕、有多小。之後他也沒有詳細說明iPod的最新功能，只是緊咬著「小」的概念到最後。他把當時世界上市占率第一的韓國MP3播放器公司，以及全球優秀企業的產品都拿出來比較，比較的標準只有一個，那就是「有多小」。

賈伯斯應該知道，比起功能，他的聽眾，也就是消費者，更想聽到的關鍵字是重量與大小。於是，他拚命說自家公司的產品相較於他牌產品有多輕、有多小。雖然他沒有批評其他公司，也沒有一一說明自家產品的功能，但關於以「對方的方式」，而不是以「自己的方式」說話，我認為這段輕鬆的介紹是最佳範例。

不久後，韓國某家公司推出相似的產品，也舉辦了產品發表會，結果令人失望，實在太冗長了。該公司的主管強烈地想用「自己的方式」來說明商品，而沒有照顧到消費者。他用精細的表格來說明自家產品有哪些新功能，發表會的聲光效果都做到極致，效果卻完全比不上賈伯斯。

只會用「自己的方式」與世界溝通，這種不懂得溝通的人與賈伯斯形成了鮮明對比。這是「冗長」和「簡潔」的戰爭，結果呢？不出所料，賈伯斯獲勝，無論是發表會還是產品銷量都是如此。

我們說出口的話也要像賈伯斯的發表會一樣，只說需要的部分，捨棄多餘的東西。

我們為何說話？是為了獲得什麼才說的。但世上並沒有哪個對手是好對付的。會毫無保留地給予的人，恐怕只有自己和父母了。沒有人會平白無故給你好處，如果想從對方那裡得到什麼，就要學會用「對方的方式」說話，這是我們靠近對方時的說話禮儀。

來談談我自己的例子，這件事發生在幾年前，當時我加入某公司的創新團隊，有一次，公司召集大家，二十多人聚集在會議室裡，主管進來後，就開始自我介紹的時間。看著別人說話，我有點無聊，心想：「這是個自我宣傳的機會，為什麼大家把話說得那麼簡單呢？」

接著輪到我了。

「很榮幸加入這個創新團隊，我想和大家一起思考我在工作現場感受到的一切。我是一位穿梭在現場的銷售人員，我認為，我們所有的努力都會在現場展現出來。身為服務顧客的銷售人員，為了公司的創新，我將和大家一起攜手努力。我服務的對象是ＶＩＰ客戶中的ＶＩＰ，我會好好服務顧客，為了取得個人成就，今年我一定要……」

我話都還沒說完，就被主管要求停下：「我們時間不夠，請簡短。」實在很丟臉，我的話無謂地多，根本沒人想知道我的個人成就。這就是我狹隘的「自己的方式」，我以為多說一點，才能展現我的與眾不同。

現在的我，會說完以下的話就馬上入座。

「很榮幸能夠加入創新團隊，希望我的努力能為公司整體帶來活力，成為創新的基礎。」

因為渴求戲份，所以輪到自己時，就把話說得很長，這就是「自己的方式」，用這種方式說話，很難親近他人，只會暴露出自己毫不關心他人。有勇氣捨棄重點以外的枝節，有智慧降低自己的姿態，替對方著想，體貼地用「對方的方式」說話，只有聚集這些特點，我們才會獲得親近他人的機會。

即使只說了一句漂亮話，
你就幾乎獲得了與眾不同的優勢。

一句漂亮話，讓人賺進三千萬

以下故事來自我認識的一對夫妻。這對夫妻打算搬到其他地區，也在當地找到了間不錯的物件，必須馬上簽約，於是他們決定賣掉現在居住的公寓。本以為一切順利，但簽約當天，買方突然要求原本談定的價格要再減三千萬韓圜（約七十萬台幣）。

他們當然很生氣，都已經談定了，對方卻用瑣碎的理由壓低價格，一時間他們還想：「乾脆別搬了。」但這對明智的夫妻並沒有感情用事地回應對方荒唐又無禮的要求，而是理性地提出解決辦法。他們到底跟對方說了什麼呢？

想買房的是一對即將結婚的新人，整個交易過程都由準新郎的母親主導。當雙方在價格上僵持不下時，賣家夫妻想到對方曾提過，這位準新郎有點晚婚，而且準新郎的母親在兒子結婚前就已經開始想抱孫子了。於是，在暫時休息喝茶的時刻，賣家說了這樣的話：

「阿姨，妳知道嗎？這間房子帶子女運喔，我生了兩個兒子，之前住在這裡的人也生了兩個兒子。」

即使之前已經說了很多好話，說這個區域多棒，離超市很近，離小學三分鐘距離，地鐵站也只要走路五分鐘就到等等，買家母親都不太感興趣，不過，在聽到賣家夫妻的這番話後，她就把降價的要求收回去了，馬上表示要簽約。

你覺得這個處理如何？這已經不只是親近對方而已，還說出了對方的心聲。單憑這一句話，就賺進三千萬韓圜。

回顧一下這個例子，雙方衝突的表面原因是「金額」，但解決辦法卻不在於金額，而是透過其他方法，也就是重新思考對方想要的東西後，說出口的一句話。這句話說得多漂亮啊！不論是在職場上，還是日常生活中，我們都應該像這樣說話。這就是為什麼在判斷問題無法解決之前，我們應該先觀察對方的需求，說出替對方著想的話。

我們所期待的，應該不是寸步不讓的對立，或是稍微退縮就讓人感到失敗的矛盾。為了更靠近彼此，我們應該互相關心，說出能帶給對方安慰的話語。對於這段期間獨自做著自己的工作而疲憊不堪的人們，希望我們能說出帶來安慰與鼓勵的漂亮話語。

現在，我想說一下關於自己的事，我要帶著反省和羞愧之心跟各位坦白，過去我身邊其實沒什麼人。

這是我大學時期的事了，當時我對社會問題很感興趣，開始關注世界上的弱勢族群，也加入了相關社團。當人們對世上的不公不義感到惋惜時，我在餐會上聽到大我一屆的前輩說了以下這句話：

「怎能不對世上的不公不義感到憤怒呢？」

前輩說的話太帥了！雖然我連不公不義是什麼都不知道，卻被「憤怒」這個詞迷住了，甚至產生了一股信念，我想找出世上一切惡行加以譴責，必要的話，還要改革社會。就算是現在，想到我當時的模樣也不會感到害羞，因為那個想法是正確的。

但是，進入社會後，保有「年輕時稚氣的憤怒」，對我而言是很痛心的事。對於自己身為「野心勃勃的否定主義者」，習慣長期憤怒，我其實是很慚愧的。尤其是我看待世界的扭曲視角，讓我無法看到優秀事物的美好，也成為自己在社交生活方面的一大缺陷。

只要稍微違背我心中的規則，我說話的語氣會毫不猶豫地變成批評與指責。身邊的人一致認為我說話冷漠又無情，簡單來說，就是我只會說「醜陋的話」。周遭的人看著如此的我，一個接一個離開，不知不覺中，我身邊就沒有人了。

在人際關係方面，不僅我無法親近他人，就連想親近我的人，都用懷疑的眼光看我。我當然也想辯解，出社會後，有許多不好的經驗，也許是曾經被背叛的記憶，把我變成這副模樣。但無論如何，不斷地否定與批判，帶著憤怒的表情生活，那真的很可惜。

甘地說過：「未來如何，取決於現在我們怎麼做。」沒錯，左右未來成敗的關鍵，在於我們如何面對此時此刻，而面對此時此刻，則始於現在我們對他人所說的話。如果我們用負面的話與他人溝通，關係就不可能完好無缺。然而，當時的我並不明白這一點。

疫情期間，我們保持社交距離，不知道這對大家來說是好是壞，但現在是時候拉近彼此疏遠的心了，而親近彼此，最棒的工具就是漂亮的話。

以開放的心面對他人，專注於延續關係的對話，這種態度很重要，這就是為什麼從非實體轉為實體見面的時期，我們要檢視自己該說什麼話。我們長期疏遠彼此，當人與人之間的距離逐漸靠近時，我們也必須努力慢慢地縮短心與心之間的距離。

為了更靠近他人，我們沒必要害怕說話，只要你有勇氣靠近，就只差行動了。不是以文字為主的消極溝通，而是用你自己的聲音，完全展現自身面貌的面對面溝通。

在該踏出去的時候，若無法踏出那一步，就只能永遠停留在過去了。我們要挑戰的人生課題不是過去，而是未來。責怪過去的錯誤，當然比談論未來的成就來得容易，因為比起展望未來，我們更習慣揭露過去，揭發彼此的問題。不過，是時候停止否定了，現在，我們該致力於相互肯定。

舉例來說，假如你是一位上班族，聽到主管說了類似以下的話。在這兩種類型的話語中，帶給你力量的話語、讓你感覺到親近的話語是那一種呢？

#1

「這期間你到底都做了什麼？報告怎麼會寫成這樣？」

「不是給你很多時間了嗎？怎麼連這個錯誤都沒發現？」

「誰叫你這樣做的？先找出引起問題的人吧。」

#2

「這份報告要再整理過，怎麼做才能完善呢？」

「我們來談談這個問題，一起努力在短時間內找出解決方案。」

「好，現在輪到我們了，我們來想想能滿足顧客的方案吧。」

老實說吧，大多數的上班族都更熟悉第一類的話語。那第二類的話語呢？你最近一年內聽過這樣的話嗎？如果你是組織的領導者，應該也是習慣說第一類的話語吧。兩種話語的對話情境和目的都相同，給人的感覺卻完全不同。

你想更靠近對方嗎？那麼，我們說的話應該自在、從容且正面。正面的話語，是此時此刻必須說的話。溝通時，不要像第一類的話語，執著於過去的問題，而是要像第二類的話語，用正面的方式溝通，思考未來，並將彼此的期望具體化，這樣的對話才能拉近彼此距離。

我曾聽過一句話說：「關係維持的重點，不在於你做了什麼，而在於你不做什麼。」我完全同意這句話。我們因為言語而搞砸關係，不管多用心，不管花多少時間，說多少話，我們常常只因為其中的一句話，因為一句醜話、壞話、奇怪的話等，就摧毀關係。

所以，我們要做的是，謹慎地說出一句關心與溫暖的漂亮話語。如果不了解，就絕對不要說話。如果稍微了解，當然要站在對方的角度，謹慎地說出讓對方心裡舒服的話。我們要思考的不是「我的意圖」，而是「對方的意圖」，只有站在這個角度，才能成功說出漂亮的話。

現在，我們都能把話說好了，不，應該說，我們一定要把話說好，就算我們這麼做的原因，只是為了得到自己想要的東西。

說錯話是最難挽回的錯誤

據說孩子成長過程中，最困難的就是社會性發展。剛開始，孩子只會專注於玩自己的玩具，當朋友靠近時，大多數的孩子都會以為對方要搶走自己的玩具，而對朋友做出威脅的舉動。不過，隨著他們開始跟同齡的人相處，會逐漸展現出對彼此的興趣與關注，接下來才會把自己的玩具讓出來和朋友一起玩，發展出社會性。就像這樣，只有學會合作，才能成長，大家不都是這樣長大的嗎？

再講一個關於合作的故事，雖然這個故事有些負面。據說，如果我們觀察罪犯的過往，會發現很多罪犯都相對缺乏對他人的關心，或是與他人合作的概念，不僅學生時期如此，甚至學前時期就是這樣。也就是說，他們沒好好學會怎麼與人相處。

為了相處與合作，我們需要努力理解與自己不同的他人，當然，這不是件容易的事，所以對話才會如此困難吧。

就如同富蘭克林曾說過的一句話：「行有疏失，容易補救；言有疏失，不可挽回。」因此，我們要先了解再說話，意思就是：

‧不要輕率地評斷他人。

‧關於對方所有能了解的事，都要去了解。

言語也有幼苗時期，我們要保護幼苗，沒道理從幼苗時期就要求它要很強壯。因為幼苗是需要被保護的對象，不是被訓練的對象。同樣的，當我們剛認識一個人，第一次對話時，也要懷著保護與維護的心情，用幫幼苗澆水的心態開啟對話。

英文有個詞叫「give and take」，意思是先給予再接受。給予也要好好給才算數，如果送糖尿病患者一盒甜甜圈，只會徒增對方困擾。說話也是如此，不，說話比送甜甜圈更輕而易舉，因此更容易出事。

對話開始前，要了解對方至少應該受到什麼保護，不能因為無知就隨便說話，導致無法挽回的錯誤。我們要用照顧幼苗的心態去照顧對方，找出對方想守護的價值，然後懷著盡全力守護這項價值的心態與對方溝通。至於該怎麼做，讓我們在中國文學經典《大學》中找答案吧。

「喜歡別人討厭的東西，討厭別人喜歡的東西，這是違背人本性的事，這樣災難一定會降臨到自己身上。」*

這句話的意思是，要關心他人，和對方一起討厭他討厭的事物，並盡全力找出他喜歡的事物來喜歡，這種態度是對話的根本。

那麼，該怎麼說出保護對方的話呢？我們來看看以下的例子。對話中有三個人登場，你，以及客戶方的負責人金科長，還有金科長的主管。工作結

*原文：「好人之所惡，惡人之所好，是謂拂人之性，菑必逮夫身。」（出處《大學・第十一章》）

束後，你們一邊吃晚飯，一邊輕鬆談話。

#1

你：金科長，你好像有個自由的靈魂。

金科長：什麼？

金科長的主管：這是什麼意思？

你：金科長好像過得很自在，對家庭很盡責，在個人興趣的部分也都發展很好。

金科長：……

你：過得自在的人本來就很能適應公司。

金科長：……

金科長的主管：……

#2

你：金科長好像很愛公司耶。

金科長：什麼？

金科長的主管：這是什麼意思？

你：有次金科長很認真地談論對公司的願景，我差點以為自己是金科長公司的員工了。

金科長：唉呦，哪有啦。

金科長的主管：金科長在公司裡也是備受肯定啊。

有發現哪裡不一樣嗎？第一個例子極為失禮，完全沒考慮到對方想守護的價值就隨便說話。無論交情多好，在公眾場合都不能輕易說出會讓對方惹上麻煩的話，除非你不想再維持關係，否則不能這樣說話。

守護對方的面子，也就是守護他在其他人眼中的威嚴，我們至少要做到這一點。說話要像第二個例子那樣，每個人都想在自己的工作崗位上、在自己的位置上得到認可，一定要記住，對方會希望自己被認為是有能力的人。

請檢視一下，我們說出口的話能否證明對方是有能力的人。若想靠近對方，請記住，說話時首先要思考對方想要什麼、不要什麼，從重視並保護對方的核心價值開始。

縮短心之距離的對話方式

親近他人的意思，就是了解如何去愛。如果不懂愛、沒有愛的人，我會建議先練習一下，先嘗試愛上周遭的一個小事物，這樣一來，我們總有一天會愛上其他的一切。用這種方式靠近他人、面對他人，應該就能建立起良好的關係。

人與人之間的矛盾，雖是從言語開始的，但要解開矛盾，還是得從深層的對話開始。人類為了生活，一出生就擁有說話的天賦，再經過後天的無數試錯，獲得這項最厲害的技術。每個人都擁有能與別人對話的發聲器官與產出話語的大腦，既然擁有這些能力，就該好好利用。

如果住在十三樓的我，吵到了住在十二樓的鄰居，當鄰居上樓來請我注意一點，我卻發火說：「我家有小孩，難道連這種小事都沒辦法體諒嗎？」

如此一來，噪音就成了雙方關係疏遠與敵對的原因，阻礙彼此親近。因此，我們不能讓說出口的話成為引爆衝突的加害者。

那麼，我們該如何親近他人，如何去愛人呢？一般來說，為了更親近對方，我們會想改變「他人」與「他人所處的情況」，然而，這是很魯莽的行為。要記住，愛上別人原本的樣貌，才是親近他人的第一步。

有個有趣的故事可以解釋這個道理，不對，應該說是恐怖故事，這是中國經典《莊子》中的一段逸事。

故事中登場的人物是南海的帝王儵和北海的帝王忽，還有中央的帝王渾沌。儵帝和忽帝經常來渾沌的土地上相會，每次渾沌都會熱情地招待兩人，提供住宿並準備佳餚。儵帝與忽帝因為每次都只享受招待而深感抱歉，為了報答渾沌，他們經過討論，有了以下結論：

「每個人都有七個竅，因為有這些洞我們才看得到、聽得到，才能飲食、呼吸，渾沌卻連一個竅都沒有，我們就來幫渾沌打出那些洞吧！」

儵帝和忽帝開始每天在渾沌身上打一個洞，到了第七天，渾沌就死了。

回顧自己說過的話，想想看，我們說出口的話是否就像倏帝和忽帝在渾沌身上鑽洞的行為一樣。這是一個過度干預，最後招致毀滅的慘案！對於身邊善良的人、深愛的人，因為我們的過度干預，說錯話或做錯事，導致關係破裂，即使我們立意良善，這種結果實在令人惋惜。

遇到不同於自己的人，我們總是用心在實現自己的期待，而不是考慮對方的期望為何。只有當自己盲目的期待讓別人走向滅亡後，我們才感到挫折，造成「雖然相愛，卻無法維持關係」的矛盾情況。我們為對方付出了那麼多的努力與犧牲，但這種方式只會破壞彼此相愛的關係，實在很可怕。

我們想親近他人，想獲得愛與快樂的關係，但要記住，若無法放棄粗魯的言行，只想維護自己，這會讓不同於自己的人、讓深愛的人走向毀滅。這就是為什麼我們連簡單的一句話都要謹慎地說。

接下來，我們用日常生活中可能發生的例子繼續聊下去吧。

住家附近新開了一家咖啡廳，你想喝杯熱拿鐵，於是開門走進去。店內氣氛不錯，可惜，即使客人來了，店員的視線還是離不開手機，手機裡的內容似乎很有趣。點餐時，店員的目光依舊停在手機上。你因為沒被好好服務而感到不開心，說道：「欸，客人來了就要好好接待啊！」

你可能覺得自己花錢買咖啡，所以有資格這樣講話，但事實真的如此嗎？你說的話真的能從根本上改變店員的態度嗎？他或許會暫時改變行為，但也只是暫時，到頭來，感到不自在且心累的，可能是你自己。因為附近沒有一家像樣的咖啡廳，你只能重回那裡消費，感到不自在的，只有必須再次看到店員的你。

過去的事就過去了，而且這也可能只是個誤會，也許當時咖啡廳老闆正透過手機向員工下達指令。因此，與其把心思放在批評或改變他人，不如從容地說出一句簡單的話，例如，你可以用以下的方式跟專心看著手機的店員對話：

「店裡的咖啡真的好香啊。」

「什麼？啊，對啊，謝謝稱讚。」

「希望待會喝到的咖啡也跟聞起來一樣香。」

「好的，沒問題。」

就算店員是在接收老闆的指令，不，即使店員暫時把專注力放在無聊的YouTube影片上，現在也會把注意力轉到你身上吧？應該可以期待享用一杯他用心沖的咖啡了。

如果再更上一層樓呢？喝完咖啡後，不妨再用以下的方式對話：

「這裡的咖啡和連鎖咖啡店的味道不一樣耶！真的很好喝。」

「因為我們用了很好的咖啡豆吧。」

「不是，應該是因為你的手藝很好，謝謝。」

如果你這樣說話，這家咖啡廳就成了你的咖啡廳，店員也會成為你的人吧。當你再訪時，不管店員正在看多麼有趣的影片，都會趕快放下手機，給你一個燦爛的微笑，說不定還會送你一塊小司康呢。

我聽過一個有趣的故事，某家咖啡廳的老闆因為工讀生常被顧客言語暴力而將菜單改成這樣：

拿鐵	六千韓圜
請給我一杯拿鐵	五千韓圜
你好！請給我一杯拿鐵	四千韓圜

靠近他人、面對他人，並進一步讓關係延續的說話技術，並沒有想像中那麼困難。這種說話技術完全值得一試，過程中，你還可能多賺兩千韓圜，這份令人心情愉悅的獎金，就是要送給親近他人且說好話的你。

懂得鼓勵自己，才懂得關懷他人

話不是說得多，就能說得好。對話中的每一句話都有值得自我檢視的部分，有時要反省，有時要改善。如果想親近一個人，與對方和諧相處，我們得先停下來，花時間好好觀察自己說過的話。

為什麼我們必須好好說話呢？為什麼為了彼此更加靠近，我們要連一個表達都得小心翼翼地選擇呢？

李・艾科卡是唯一在美國前三大汽車公司福特與克萊斯勒兩家公司都擔任過最高階經營者的人，他甚至帶領克萊斯勒戲劇性地東山再起，一度有望成為美國總統候選人。艾科卡說過以下這句話：

「成功與自身能力無關，成功取決於周圍的人如何看我。」

「與自身能力無關」「周圍的人」「如何看我」，雖然只是簡短一句話，但這三個詞對學習說話藝術的人而言是很大的教誨。在繁忙的世界中，與他人的相遇肯定短暫，因此，我們要盡最大的努力，製造出真誠的相遇，而非基於利害關係的相遇。而能設計出這種相遇的，就是我們說出口的話。

這也許就是聽比說還重要的原因。能夠親近他人的對話，並非費心聊自己的事，而是要讓對方說，讓對方客觀地看待自己，如此一來，才能誘導他合理且理性地與我們對話。與其試圖改變對方，不如讓對方說出他心裡的話。

因此，在詢問「你是怎麼想的呢」或感嘆「原來如此」的同時，讓對方回頭看看自己，並同理對方的心情，如此就能縮短彼此的距離。這就是為什麼我們要學習並練習靠近他人、面對他人，並進一步讓關係延續的說話技術。

我們希望對方的想法和自己一致，就算沒有一致，我們也能透過提問慢慢拉近距離。

說到這裡，我們要先安慰一下自己，不用著急。我們很習慣四處尋找新鮮事物，連一點喘息的時間都沒有，但尋找新課題、尋找新朋友，反而會給別人帶來壓力，讓對方想避開我們，讓關係疏遠。這就是我們要在忙碌時停下來鼓勵自己的原因。

為了彼此更加靠近，我們當然要說好話、說肯定的話。但除了關懷他人，肯定自己也很重要。尤其是在不得不消耗能量的對話中，就算只是短暫地鼓勵一下自己也是件好事。和他人交談是很辛苦的，所以，請在對話的每一刻都大肆稱讚自己。

這並不難，你只要對自己說：「啊，幹得好！」這樣就夠了。你可以自言自語，就算讓別人聽到以為你有病也沒關係。既然要說，就不要怕別人聽見，如果是在咖啡廳裡，至少要大聲到讓旁邊的人回頭看你一眼，理直氣壯地對自己說：「我做得很好！我真的很優秀！」

無法感謝自己的人，是不可能感謝任何人的，所以，現在我們可以說以下的話：

「嗯，今天我真的很棒！」

「沒錯，因為是我，所以才辦得到！」

「心情真棒，一切都會順利的。」

一天一次，不，就算一天好幾次也沒關係，請習慣替自己加油。只有懂得替自己加油的人，才懂得替他人著想。我們疲憊的心比任何人都需要得到自己的安慰。

韓國某廣告詞說：「藥局有賣疲勞消除劑喔。」我想建議大家，在去藥局前，先用安慰自己的話來緩解疲勞。

請先為自己加油，只有在能和自己溝通時，人才能活得像個人。要了解自己是誰、自己在做什麼，並信任自己，我們的主體必須是自己，而不是別人。所以我們要習慣替自己加油，對自己說：「我真的很棒！」「一切都會順利的。」如此，我們就能得到親近世界的力量。

但我們實際是怎樣的呢？是不是反覆說著「我要被逼瘋了」「討厭死

了」「麻煩死了」呢？任何話語只要反覆說一萬次，就會像咒語一樣變成現實。我們為什麼要對自己說出無法挽回的惡評呢？然而何止如此，容易看見自身弱點的人，也會拚命挖掘他人的弱點，這樣我們還能親近他人嗎？

人生只有一次，請想想，是否要讓我們的人生變得跟不經大腦重複說出口的話語一樣。雖然我們很習慣跟他人溝通，但是在跟自己溝通這方面，我們是否只是個門外漢？我們要真誠地與自己的身心溝通，對自己說漂亮的話。

我認識一個人，他每天早上上班前，都會照著浴室的鏡子替自己加油：「今天也會是美好的一天！我一定能做得很好，沒有我的話，還有誰能辦得到呢？」下班時也是一樣，他站在鏡子前說：「雖然今天有很多很累人的事，但其實有更多好事，今天非常棒，辛苦了！」

不要吝於給用心過完一天的自己一點獎勵，因為這是我們親近世界的起始點。

只有懂得替自己加油的人，
才懂得替他人著想。
我們疲憊的心
比任何人都需要得到自己的安慰。

讓對方站在我這邊的四個詞

我看過一則新聞，有位男子八歲時被診斷罹患兒童癌症，二十二歲時被診斷罹患直腸癌。對於他患上癌症，周遭的人提出的建議與安慰話語，不禁讓人想皺眉，他們會說：「年輕人到底多不在意自己的健康，還沒活幾年就得癌症。」或是說：「沒關係，這時代得了癌症也沒什麼大不了的。」這位男子說：「我正在跟那些沒什麼大不了的東西拚死拚活地戰鬥。」

我們總是把他人的痛苦講得很輕鬆，「怎麼會得癌症呢？你不是很乖嗎？」這句話隱含了「你是不是瞞著大家，生活過得很糟糕」的意思，這些話語會傷害到他人的心。對肺癌患者說：「你應該少抽點菸的，我就知道會這樣。」這也是毫無慈悲的暴力。若說出這樣的話，別說想親近對方了，彼此的關係反而會疏遠，也許還會成為被怨恨的對象。

我們面對他人，那個不同於自己的人，是我們要照顧的對象。「個人」的英語是individual，實際上，individual這個詞的字源並不是與集體概念相反的個人，而是源自indivisible，意思是「無法與社會分離的」。所以我們應該說替他人著想的話，以及有愛的話。

這真的不容易，因為學校與社會生活的競爭很激烈，想戰勝他人的語言已滲透到了我們的對話之中。這樣一來，別人就無法成為我們的朋友，他們只是敵人而已。和敵人一起生活，會面臨不安、焦慮、恐懼等情緒，這真的是我們所期望的日常嗎？

假設在競爭中取得了勝利，我們就幸福了嗎？贏家一定會幸福嗎？努力取得了成就，但如果沒有人能分享喜悅，能真正感受到幸福嗎？答案是否定的。看似優於他人的成就，以及缺乏團體精神或社會關懷的成就，都無法帶給我們根本的喜悅，這些東西最終會妨礙我們成長。

如果我們說出口的話會阻礙自己成長，那就真的太可惜了。當然，在當前教育體制下，比起為合作做準備，我們更常為競爭做準備，為了與人競爭，訓練至少要持續十幾年，我承認，這種悲劇目前是無可奈何的。但即使如此，也沒有理由要忽視人類天生能自我克制且為對方說話的能力。

想親近他人，絕對要有能力察覺對方的狀況和期望。請記住，讓他人屈服於你，不亞於競爭中落敗而放棄所感受到的不幸。我們需要的對話，並不是搶走自己想要的東西後就結束的對話。為了獲得想要的東西，我們需要的是更加謙遜的話語。

關於謙遜的話語，我想提出「忍耐」這個關鍵字。耐心是需要學習的，而且我們要承認，為了學習忍耐，我們必須擁有更大的耐心。不因為彼此有些不同，就草率地宣布中止關係，而是直到最後一刻，都要再補充一句能讓雙方繼續在一起的話語，這就是我們要學習的耐心與對話的精神。

我喜歡爬山，有段時間，只要覺得壓力大，就會去爬從老姑壇到天王峰的智異山縱貫；感到孤獨時，就從百潭寺經過馬等嶺，登上雪嶽山頂峰，之後下山再經過千佛洞。爬山最累的是山頂近在眼前的時刻，登頂前的地形永遠都是陡峭的，但只有過了這一關，才能登上山頂。

登頂後，就該下山了吧？下山時，就在身體疲憊而心情暢快的那一刻，新的緊張感會襲來。常聽見下山時腳踝受傷或體力用盡的例子，這對我來說也常見。爬山的過程，跟我們說話的模樣太像了。

以商務溝通為例，假設你是A公司的業務，你向B公司提出大規模的計畫案，經過無數次的提案，投入大量的時間與心力，到了最終協商的時刻。你希望能馬上簽約，但是B公司的專案負責人卻提出新議題，表示他們也許會先聽取其他公司的提案後再下決定。

這突然其來的發展令人慌張，這下該如何引導溝通的走向呢？先說結論，答案就是忍耐。此時要懂得再補上一句對方期盼的話語，不要草率地宣布斷絕關係。只要保持耐心，好好思考對方想聽什麼話，就能解決問題。

假使發生前述的情況，請你在以下三組對話中，找出低、中、高手的對話方式。

#1

對方：上級要我再多聽取一、兩家公司的提案，我很苦惱。

自己：什麼？不對啊，你不是說這個月就要簽約了嗎？

#2

對方：上級要我再多聽取一、兩家公司的提案，我很苦惱。

自己：我手邊有C公司的資料，要不要先把他們公司跟我們公司的比較表傳給您參考？

#3

對方：上級要我再多聽取一、兩家公司的提案，我很苦惱。

自己：您很辛苦吧，大家好像都不知道金科長您已經盡力了，您是我認識的專案經理人中最厲害的一位，上級一定也會了解您的辛勞。對了，關於您說的那些資料，讓我來查查看吧。

找到答案了嗎？期待你能成為說話的高手。

我聽過一個說法，**要把對方變成自己人，只需要四個詞，那就是「聰明」「好帥」「厲害」「真棒」**。覺得這個說法很幼稚嗎？其實不然，換個角度思考便能馬上了解，如果有人這樣對我們說話，我們會多開心啊。

「金範俊，只要看到你的做事方法，就知道你很聰明！」

「哇，沒想到範俊是這麼帥的人耶！」

「太厲害了，範俊你辦到了別人無法輕易達成的事！」

「我覺得範俊真的很棒！」

這四句話只是為了舉例寫下的，我並沒有實際聽到別人這樣對我說，但我心情也變好了。寫下對自己的認同與愛意，就能讓心情變好，如果是別人這樣對我說，那該有多好啊。「聰明」「好帥」「厲害」「真棒」，請大家記住能更靠近彼此的這四個詞，並加以利用吧。

對話不是知識的領域，而是智慧的範疇

紀錄片是拍攝者創造出的藝術世界，與其說是真實的模樣，不如說是藝術家重新詮釋後的作品。不過，如果我們在對話中添加紀錄片的元素就不妙了，親近他人時，我們的雙眼不能是紀錄片導演的攝影鏡頭，應該要是無意間拍到對方的監視器鏡頭。

對話並不是知識的領域，而是智慧的範疇。對話靠的是智慧，如同「要獲得知識就要學習，要獲得智慧就要觀察」這句話一樣，對話時，我們要先觀察對方原本的樣貌，然後只談論觀察到的樣貌就好，這就是我們所需的對話技巧。意思就是，對話的關鍵是「觀察」。

當我們面對對方時，與其隨意地說話，不如將觀察化為日常，仔細考量對方的立場，這樣就代表你已經領悟到忍耐的樂趣了。不輕易表露自身情

感，懂得忍耐，接受暫停，就是這種明智的態度讓關係變自在的。

美國心理學家馬歇爾·羅森伯格提出的「非暴力溝通法」也很重視觀察。舉例來說，下屬遲到時，一般主管都會這麼說：

「英洙，搞什麼啊？又遲到了？你在跟我開玩笑嗎？連上班時間都無法遵守，你還有什麼事做得好？」

羅森伯格建議別這樣應對，先專注於觀察上。他建議大家進行以下三個階段：

觀察：看到英洙比規定的上班時間還晚到。

感覺：身為主管的你感到不開心。

希望：希望對方能有意義地利用早上時間。

我們站在英洙的立場上思考，聽到一般主管說的話和羅森伯格說的話，感覺怎樣呢？應該有完全不同的感受吧？沒錯，先觀察對方，建立連結，最終創造讓對方更深入理解自己的契機，這就是我們親近世上任何人都適用的聰明對話方法。

並非只有在指責他人時才使用這個方法，在鼓勵他人時也可以這麼說，讓對話更加成熟。在羅森伯格的非暴力溝通法中，正面與負面的事，對話方法不同，正面的事要以「觀察→希望→感覺」的順序進行，在各個階段說出「對方做了什麼讓我開心的行動」「這個行動實現了我的哪個願望」「我因為願望被實現而感受到的愉悅」，如此一來，我們可以說出以下這些話：

「謝謝部長親切說明解決方案。」

「一開始我不知道該怎麼辦，現在就放心了。」

「託您的福，我才能專心做重要的事，真的很棒。」

但不論是正面或負面的事情，觀察都是首要的。為了靠近他人、面對他人，最終建立關係，觀察是我們對話的起點。

「相較於兩年間因他人的關心而結交到的朋友，自己主動關心他人，兩個月內能結交到的朋友更多。」這是人稱自我成長之父戴爾．卡內基所說的話，他也強調觀察對改善人際關係的重要性。

與其想著如何得到他人的關心，不如自己主動關心他人、觀察他人，便可以期待未來關係改善。

你看過電影《年少時代》嗎？這部電影拍得很美，又特別因最後一幕的台詞而聞名，台詞裡也融入了「觀察」這個關鍵字。那一幕是主角梅森的朋友妮可，她望著美麗的夕陽，平靜地說出以下的話：

「人們總說要把握當下，我不懂，我覺得好像正好相反，是這一刻抓住了我們。」

人生是關係的延續，關係是由他人不斷抓住我們的瞬間而構成。觀察是真實記錄下這些瞬間的努力，這才是我們親近他人的對話起點。

想親近他人，請先仔細觀察。

要記住，

愛上別人原本的樣貌，

才是親近他人的第一步。

一句話，挽回疏遠的心

問題始於我們說出「這是問題」的那一刻，本來沒問題的東西，當我們定義它是問題的那一刻，它就成了問題。不過，問題與達成成就無關，我們的對話應該聚焦於成就有沒有達成，而不是專注在問題上。問題當然是要被消除的對象，但直到最後問題被解決為止，無止境地埋頭鑽研問題，也只是浪費精力。

我們說出口的話，常常都緊咬著問題不放，而不是在談論解決方案，這樣肯定很難取得好結果。被問題牽著鼻子走，只會讓人更加鬱悶而已，這就是為什麼對話不應該以問題為中心。記住，如果老是把「問題」這個詞掛在嘴邊，溝通時就會把焦點放在問題上，而不是在達成成就上。

假設有家生產電子產品的公司，負責售後服務的部門叫「顧客不滿中心」，顧客購買產品後，使用上需要聯絡該部門時，顧客會怎麼想呢？應該會覺得：「因為是顧客不滿中心，所以我要用力表達我的不滿。」這就是把焦點放在問題上所引起的負面結果。

如果把名稱從「顧客不滿中心」改為「顧客幸福中心」呢？「幸福」一詞擺在眼前，顧客打電話時多少也會感到放鬆吧。因此，我們要把話語中的「問題」這個詞刪掉，不要在自己周遭築起負面詞彙的城牆。

減少使用負面話語，用從容、積極與幸福的話語填滿生活。別忘了練習用積極的話語親近他人，這樣總有一天，我們將能用肯定的話語回覆來自他人的負面表達。聽聽以下的例子吧。

對方：這項計畫應該會遇到很多問題吧。

自己：沒錯，正如你所說的，這項計畫要成功，需要一段合作的時間。

對方：是啊，那合作時會不會有什麼阻礙呢？

自己：想要合作順利的話，就要持續見面。

我想請你比較一下對方和自己的用字選詞，在對方的話語中，可以看到問題與阻礙這些詞，那麼，你的用字選詞呢？沒錯，是成功和順利這些詞。就算對方羅列問題，表達否定的看法，你還是說出了肯定且從容的話語，這麼一來，原本想要疏遠的對方，也會重新回到你的懷抱。

將充滿問題與爭議的討論主題，轉化為成功與達成成就，為了親近他人或讓他人親近你，這是必要的對話技術。既然如此，請選擇正面的話語吧。

順帶一題，精通商業溝通的人尤其擅長透過肯定的話語與他人建立關係，比如以下這些例子：

「上次見面至今一切都好吧？」

「其他人不好說，但金科長可是業界大家都認可的！」

「很榮幸有機會和您見面談話。」

「主管叫我一定要跟老師您見一面，聽聽您的高見。」

年齡越大、地位越高、能力越強、越處於強勢的位置，越要遠離負面言語。溝通時，一定要習慣把重點放在達成成就，而不是問題上。不要讓自己看起來像是有諸多不滿與抱怨的主管，並為此感到自豪，不，這應該要感到自慚形穢，應該反省一下。

有些主管會說充滿負面、不滿與抱怨，或是隨意輕視他人的話語，下屬被這些殘忍與粗魯的話語氣到無話可說，主管還誤以為這樣是帶領下屬。希望你不會說出以下的話：

「你明天要休假？這麼突然？家裡出什麼事嗎？」

「報告有什麼問題啊？」

「你這樣要怎麼跟其他人一起工作？」

現在，我們要改變語氣：

「你明天休假嗎？有什麼計畫嗎？要好好玩喔。」

「報告中你最想強調的是什麼？」

「只要和別人好好溝通，就會有好的成果。」

如果我們專注於達成成就，而非問題，就能拉近和世界的距離。我建議大家毫不吝嗇地用正面話語來表達，雖然剛開始也許會覺得很難、很不自然，但希望我們能用心把話語的焦點放在達成成就上。

要記得，知道路怎麼走卻沒走過的人，和實際走過那條路的人，他們之間有很大的差距。因為沒走過的人，最終還是無法知道差異在哪，而走過的人知道。我們要走的路，是為了親近他人而開闢的美麗道路，即便困難重重，還是要鼓起勇氣走下去。

現在馬上開始，說一句讓人自在又正面的話吧！

對話的速度，決定對話的溫度

何謂成功？要解釋成功，賺得多、地位高、績效好等詞彙都是很合適的關鍵字。但隨著年齡增長，最近我覺得，應該是「有越來越多人喜歡我」才算成功吧？最好的境界是，積累了一定的財富與名譽，並且和其他人相處融洽。

要達到最好的境界很困難，那麼，我們該把什麼放在首位呢？我們不是應該把人放在首位嗎？因為即使賺了錢、提高了地位，即使現在馬上達成績效，但如果疏遠了周遭的人，傷害了他們的心，這樣我們還能對財富、名譽與績效等成就感到自在與幸福嗎？

我當了很久的上班族，負責的業務也一直和銷售有關，總是在跟其他公司激烈競爭，這種工作真的很辛苦，認識某人，向他提案，最終取得成果，這並不是一件容易的事。對方所屬公司與我在職的公司不一樣，這代表我們根本立場就是不同的，所以我常常在最後一刻聽到以下這些話：

「也許我們應該重新討論一下協議事項。」

「也許我們的關係會這樣毫無成果地結束。」

「之前沒發現提案中有個缺失，這部分要請你幫忙。」

提案協商後，在最後即將簽約的階段，聽到對方說出這種模稜兩可的回應，我會很想哭。這段時間我一直用正能量堅持著，卻在最後一刻得到這樣的結論，所以我才會憤怒。我曾經在聽到對方說出這樣的話後，直接切斷關係，說：「這也太太過分了吧。」或是說：「好！那就算了！」但這都是不懂事的幼稚言論。

對於不顧對方立場就莽撞說出口的言論，我現在會深刻反省。對方是因為討厭我們才說出這樣的話嗎？我們要往好的方向思考，想像一下，對方也可能是被「另一個對方」強迫，也就是被第三者提出的新要求強迫。

如果對方是科長，他從上級的部長那取得了新的指示，也許是因為他自己解決不了，才來向你求助，我們必須知道這個可能性。此時，為了拉近彼此距離、建立良好關係，我們要先說出安慰與鼓勵的話語。

遇到這種情況，我建議你好好利用「為什麼」，以「為什麼」作為靠近他人、面對他人，最終建立關係的說話技巧，是個不錯的解決辦法。

順道一提，「為什麼」有急促的「為什麼！」與和緩的「為什麼？」兩種說法，還是搞不太清楚嗎？我們從下面的範例來區分一下兩種不同的「為什麼」。

#1

「到底為什麼會突然有問題？」

「為什麼突然這樣講？我要怎麼說服上級？」

「我說這種話你肯定會不開心，但說實話，我實在不知道為什麼。」

「再提要求的話，是不是太過分了？」

#2

「嗯，看來是有一點阻礙。沒關係，請說吧。」

「我想給你一點助力，只要告訴我需要什麼，我會考慮看看的。」

「看來要有全新的開始了。好，請您期待更好的提案吧。」

我們要區分兩種不同的「為什麼」。先說結論，我們應該用「為什麼？」，而不是「為什麼！」來回應對方。「為什麼！」是對對方的抵抗加以否定，「為什麼？」是則是從關心的角度，對對方的抵抗表示好奇。「為什麼？」的溝通重點不在於對話內容，而是想從對方的觀點來理解，是一種利他性的溝通。

面對他人的反覆或抵抗，不要說「為什麼！」，而是要靜下心來，注意對話的速度。如果你跟對方都說得越來越快，那就不是互相說服，而是互相

抵抗了。這時，用暫時的「休息」來引導彼此對話，再觀察一次，再慎重考慮一次，現在，再重新對話吧。

雖然我們聽到了對方的否定言語，但還是用從容、自在的同意開啟對話。對話的方式如下：

「原來如此，看來情況很艱難啊。有沒有什麼我可以幫得上忙的地方呢？」

「看來是個難關，我認為這是成功簽約的必然過程。請告訴我這回的需求，我會根據您說的重新整理，這週內去拜訪、提案。」

「遵守程序很辛苦吧，過去有沒有破例進行的實例，能否告訴我呢？我完善內容後，會再提供更好的資訊。」

美國媒體人歐普拉說過：「失敗的定義在於我們怎麼面對失敗。」眼前的失敗信號，也許是成功的事前信號，為了讓我們走向更高處，它像堵牆一樣擋在我們眼前。為了最終的勝利，最後的抵抗是所有人必經的過程。越是這種時候，越要努力面對他人，不能被偏見束縛，盲目地用負面想法對待他人。

只有看著對方，才能回應對方的抵抗，不看就沒辦法說話了。然而，一般人只關心自己說出口的話，不會特別去煩惱對方的想法。但看到的越多，了解的就越多，我們要確認是不是因為自己沒有好好觀察對方而誤會，最終導致對話失敗。因此，首先我們應該檢討，是不是自己觀察力太弱，才無法如實看待對方。

從說話的狀態，暫時轉換成休息的狀態後，適時利用「為什麼？」而不是「為什麼！」來回應，觀察對方的立場後再說話，這樣我們的關係是否能更加從容呢？「現在怎麼可以這樣做！到底為什麼！」不要再如此著急地溝通了，希望改掉我們的對話方式之後，可以拉近彼此的距離。

「這很困難吧，但請不要擔心，我會好好協助你的。只要告訴我為什麼有問題，我會盡我所能找出答案。」

人與人之間的矛盾，
雖是從言語開始的，
但要解開矛盾，
還是得從深層的對話開始。

沒有人會討厭給予忠告

有位賽車選手兼教練說過：「比賽的勝負，不是取決於直線跑道，而是在彎道上。」他說：「由於車子性能相似，在直線跑道上很難超車，想超車的話，就要利用彎道。」直線跑道上比的不是實力，而是引擎的性能，因此，對於想追趕第一名的第二名來說，只有在轉彎前，第一名踩剎車的那一刻才是機會。

我聽過類似的話，有人說：「車開得好的人，就是很會倒車的人。」不管車子性能有多好，速度可以拉到多快，到頭來，最會開車的人，是能夠在適當的時機與有限的空間中，從容且準確地完成倒車的人。不管這句話是否屬實，我很認同這句話。

我們來反思一下自己說出口的話。一九八〇年代，中國提出「韜光養晦」的對外政策，這句話的意思是，不要展現自己的才能與名氣，忍耐並等待著。這句話應該就是在提醒我們，不要認為對他人說了些什麼，就代表自己有力量或權力。

有些話，我們是抱持對他人的善意而說的，那就是忠告。忠告的意思是，真心勸誡他人，說明對方的缺陷或錯誤，這個詞的核心是「忠」與「真心」，但我們的忠告大多專注在缺陷、錯誤和勸戒上。這樣就不是在向他人傳達真心，而是傳達勸戒、指責，揭露缺陷，這會傷害到他人。我們提出忠告，是想親近對方，想給對方一點幫助，最終卻淪為毫無幫助、不必要又不愉快的「說嘴服務」。如果再講得誇張一點，我們應該反思一下，我們所謂的忠告，是否只是在自己情況優越且安全時提出的「垃圾話」，是否與對他人的關心和煩惱完全無關。

如果你想得罪人，就不要吝於提出你的忠告。這件事沒有例外，所以，不要再給人忠告了，這就是向他人再靠近一步的方法。給人忠告竟然那麼難，那我們應該無視忠告，不要再給人忠告嗎？

此時，我們需要逆向思考，世上有一堆想給人忠告的人，所以我們要反向來創造自己的定位。什麼意思呢？意思就是，不要「給人忠告」，而是要「請別人給自己忠告」。詢問對方自己有什麼不足之處，這是一種自謙的技術，這是能讓我們親近他人的強力對話武器，而這項對話技術也能縮短我們與他人之間必然存在的見解差距。

詢問他人自己有什麼不足之處，請對方給予忠告，這是讓對方往自己靠近的方法，反過來說，也是讓自己可以輕易地親近對方的方法。來舉個例子吧。

「請儘管說，我想知道自己有什麼不足之處。」

「請協助我成長，我應該在哪些方面多下點工夫呢？」

「只要告訴我，我有什麼部分表現笨拙就好。」

從對方的角度來想，聽到這種話，會有怎樣的心情呢？應該會真心想再多教你一點吧。《菜根譚》中有段這樣的內容：「就算是不順耳的話也要經常聽，就算是不合意的事也要永遠放在心中，這些都是提升道德、陶冶品行的砥石。」*請記住其中的一句話：「就算是不順耳的話也要經常聽。」

自謙就是要好好聽進去那些刺耳的話，這不是件容易的事，但如果你鼓起勇氣，請他人評論自己的不足之處，懷著感謝的態度，接受對方的忠告，這樣不僅能提升自己的對話水準，還是一條可以讓自己與他人關係更上一層且更加親近的捷徑。

甘地說過：「雙方間存在分歧，才是健康的進步信號。」沒錯，我們終究是不一樣的存在，所以有不同的想法，因為不同而產生差異，為了克服差異，就有了可以改善的地方。與其認為「因為不同，所以不對」，希望我們能覺得「因為不同，所以我才能進步」。

---

*原文：「耳中常聞逆耳之言，心中常有拂心之事，才是進德修行的砥石。」（出處《菜根譚》）。

我們要做的不是破冰，而是融冰

靠近他人，應該不是去擊破他人，而是去融化他人吧。如果父母在指出孩子的錯誤時，單方面教訓，打擊孩子的心，那就是讓彼此疏遠的對話。如果父母努力讀懂孩子的情感，小心謹慎地說話，融化對方的心，這就是一段親近的對話。

我們為什麼要擊破對方，打擊對方的心呢？應該是因為事情不如我意，但有句話說：「驢子想的是一個樣，趕驢的人想的卻是另一個樣。」即便是驢子的主人，如果只顧自己，也無法把驢子導向自己想走的方向。因此，我們應該放棄這種妄想，不要用打擊、傷害對方的話語來親近對方。

相較於言語的數量，我們更應該在乎言語的質量。話多難免會失誤，言語很神奇，一句話、一個詞就能打開他人的心，但若對方的心受傷了，就不可能會親近我們。想利用言語改善關係，我們必須關心對方、了解對方，先尊重對方後，再開始說話。

講到「質比量更重要」，我突然有個想法，提到「雨」這個字，你會想起哪個季節呢？我想起了盛夏的雨季，天空像被穿透了一樣下著雨。但古人並不這麼認為，他們不把焦點放在數量上，而是關注雨的實際用途。

實際上，在一年二十四個節氣中，有「雨」這個字的節氣並不在夏天，而是在雨下得不多的春天。下春雨的時期，有「雨水」跟「穀雨」兩個節氣。在盛夏的雨季，反而找不到有「雨」這個字的節氣。為什麼呢？因為雖然夏季雨量壓倒性大勝，但春雨卻能融化在整個冬季被冰凍住的大地。古人之所以這樣命名，我想應該是因為他們更重視春雨的質量吧。

再回顧我們對這個世界說出口的每一句話，一直以來，我們被天真的想法束縛，以為多說一點，就能輕易擄獲他人芳心，卻沒有考量到吐出去的話所造成的殺傷力。想讓我們說出口的話具有生命力，成為彼此溫暖情感交流的起點，那我們需要的，就不是用話題來打破凝結氣氛的「破冰」。

對方是人，人不應該成為被「擊破」的對象，而是需要被「融化」的對象才對。我們經常使用「破冰」這個詞，要小心，別沉浸在這層意義中而說錯話。為了靠近他人、面對他人，最終建立關係，雨水與穀雨時節，春雨逐漸融化凍結的大地，這種溫柔的「融冰」才是我們需要的。

舉個例子來解釋，就假設你是一位上班族吧，你去拜訪某個陌生企業，和某位還不是很熟的部門負責人談話，這時你開始破冰，說：「你有買股票嗎？今天狀況很慘吧？」或是說：「你昨天有看英超足球聯賽嗎？喔，你不喜歡足球嗎？」用這種沒意義的話，想開啟對話是很難的。如果我們熟悉如何融冰的話，應該會用以下的方式說話：

「我剛看到布告欄，看來你們對這次的新產品活動，態度很積極。」

「辦公室很舒服耶，那是按摩椅嗎？」

只要對他人或對他人所在的地方稍加關心，就能說出這種有意義的對話。你覺得以下的對話如何呢？

「您來得這麼急，剛應該是在開會吧，那我就只說重點。」

關心對方，體貼對方，那我們說出口的話，就會成為能進一步親近他人的工具。這並不難，與其用股票或藝人八卦來浪費對方的寶貴時間，進入他人的辦公室時，只要帶著好奇，環顧室內，就完全足以展開一場自在的對話了。還有，只要用拿到的名片開啟話題就夠了。

「雖然我也是銷售人員，但您身為銷售組的組長，管理部屬應該很辛苦吧。」

「啊，原來您在公司裡負責這個品牌啊？我也有使用這產品喔。」

「您有工業安全技師執照嗎？我對這個很感興趣耶。」

雖然我這樣建議大家，但我以前也不擅長用融冰的方式親近他人，只習慣站在自己的角度說話，懶得站在對方的角度找尋小線索，這樣就不用想靠近對方了，關係還會越來越遠。然而，當時的我並不自知，不曉得說話的焦點要放在對方的興趣上，而不是我的興趣上。

不要為了融化對方冰冷的心，就用沒有格調的空洞話語來開啟對話，首要的是打造氛圍，讓對方多說一句關於自己的事。以自己為中心的話語會阻礙與他人溝通，這種對話是「封閉式對話」，我們不要這種失敗的對話，考慮對方想法的「開放式對話」才是正確的。

要好好觀察對方目前處境如何，並適當地說出你的感受。雖然我反覆說一樣的內容，也許會令人厭煩，但這是因為在靠近他人時，觀察是極為重要的。說了這麼多，整理後應該能用以下三點說明，請大家記住：

第一，不熱中於談論自己的情況。

第二，關注他人的周遭情況。

第三，對話以觀察為基礎。

如果看見對方想親近卻退縮的模樣，檢視這三點，期許你能看到很棒的結果。

過分謙虛會變成冤大頭

你對於學經歷條件的看法如何呢？所謂的學經歷條件，意思就是「不以個性之類的內在價值來評價人，而是以學歷、英語成績等外顯的條件來評價人。」在找工作就業時，這是很重要的因素，雖然近年流行不看學經歷條件，但真是如此嗎？不論如何，我認為之所以會有這波流行是因為，只看外在條件會有局限性。

那麼，學經歷條件就不必要嗎？我並不這麼認為，如果廣義地把學經歷條件視為對某人的外在評價，而不是內在評價，在步調極快的現今社會，學經歷條件肯定是能迅速吸引他人的武器。因此，盡可能打造出最佳的學經歷條件，是我們理當會經歷的過程，因為這些外在條件能夠成為我們與世界建立關係的第一把鑰匙。

只有進入職場時才需要學經歷條件嗎？不是的，來舉個例子吧。商務交流時，我們的資歷尤其重要，為什麼呢？因為這能讓我們更容易取得他人的信任。展現自我，或是自我介紹，不只在就業面試時需要，在創造與達成工作的過程中，也一樣需要。那麼，介紹自己的話語，應該要是什麼模樣呢？原則只有一個——不要讓自己看起來很卑微。

要懂得區分自謙與自我貶低。我們不必把自己的無能之處告訴大家，而是要告訴大家自己華麗的部分，為什麼呢？為了贏得對方的信任。不論是哪種溝通交流，沒有人會想與「還好」「一般般」的人交談，如果可以，我們都希望與自己交流的對象是最強的能力者。

舉例來說，假設你在公司裡負責一項合作事業計畫，某企業想和你們公司合作，該企業的專案負責人來找你，他的提案看起來還不錯，經過開會討論，現在到了快要談成的階段。有個事項需要確認，你詢問對方並要求答覆，這時，他的回答如下：

#1

「問我嗎？這不是我的權限，其實我在公司裡沒什麼影響力，真抱歉。」

#2

「我在公司裡還算有點影響力，這事我沒做好的話，大家都會很辛苦，我去試試說服內部其他人吧。」

說出前面那句話的人，就算最後還是接受了你的提議，目前合作繼續進行，但你以後應該不會想再跟他合作了。如果是說出後面那句話的人呢？就算最後你的提議沒有被採納，你下次還是想跟他合作。這就是一種親近對方的話語。

「展現自我」從溝通初期就要開始進行，第一印象能吸引對方、靠近對方，所以第一印象一定要好。不是叫你自以為是，只是要記住，過分自謙或自我貶低，最終真的會減損自身價值，把對方推得更遠。與其在自我介紹時就把對方推開，不如在這一刻把對方拉得更近吧！想再更進一步嗎？當你在做自我介紹時，請考慮以下三點：

第一、好好解釋自己為什麼要跟對方溝通。有人會說：「只是正巧由我執行這項計畫。」或是說：「老實說我沒做過這件事，是上級要求我才做的。」

聽到這種話對方會怎麼想呢？會不會覺得很可笑呢？如果是我，我會這樣說：「我自願負責這項計畫，因為我想做好這件事。」或是說：「我們公司除了我以外，還有誰能把這件事做好呢？」希望透過自信的表現，獲得對方的信任。

第二、如果是工作場合，請你積極說明自己在組織中的角色，展現自己在組織中的影響力。可以說：「平常我和負責這次計畫的部門溝通很順暢，應該能得到很多幫助。」或是說：「為了這次計畫，我們團隊有著堅定的決心。」如果是這樣的人，應該會讓人信任吧。

第三、談論自己在組織中想實踐的方向也不錯，也就是說明未來的願景。可以說：「我目前以成為公司的高階主管為目標。」或是說：「其他方面我不確定，但在這個領域上，我正努力成為國內最優秀的專家。」

如何呢？過去不存在的信任感會不會油然而生？應該跟那些說「我就是為了錢才工作」的人看起來不一樣吧。

雖然在工作進行的過程中，他人對我們的信任會「自動」產生，但也需要一定程度的自我營造。這就是為什麼雖然自謙是好事，但我們還是要謹慎，不要盲目地貶低自我。拿破崙說過：「沒有機會的話，空有一身才能，也無用武之地。」沒錯，要先創造機會，而機會就來自於我們適切展現自我光彩的那一刻。

不要讓自己看起來很卑微，小看自己的人，也容易被別人小看。自重的目的不是要壓制或管制他人，自重是為了關照自我，讓自己成長。自重的話語能夠拉近自己與他人的距離。

不要讓自己看起來很卑微，
小看自己的人，
也容易被別人小看。

親近他人的最後一步是等待

我敢斷言，通往智慧的道路是有最佳捷徑的，那條捷徑就是傾聽。有人說：「會說話代表有知識，會傾聽代表有智慧。」某方面來說，每個人都很清楚傾聽的重要性，但周遭卻很難看到這種人，嗯……其實我們自己也不是善於傾聽的人。傾聽為什麼那麼難呢？

說到這，我有個問題。**說話的相反是什麼呢？是傾聽嗎？不是，說話的相反是等待。也就是，說與聽之間要等待，等待是對話當事人的決心。**為了得到對方的心，要傾聽對方說話，為了傾聽就需要等待。這種等待只有清空內心雜念才能實現，因此很難做到。

反過來說，因為要成為會傾聽的人是很難的，所以，如果我們懂得清空、等待、傾聽，就準備好要親近世上的每個人了，也會成為受歡迎的人。

親近他人，靠的不是說話，而是傾聽。要記住這個基本態度，如果沒有好好記住這點，對他人的任何甜言蜜語都不會發揮任何效果。

鼓勵、支持、安慰他人時也一樣，如果我們鼓勵、支持與包容的話都說得很好，但又多說了一些無謂的話，整個對話就會變得一團糟，這種情況很常見，因此，我們要知道，對話時，「不該做的事」比「該做的事」更重要。我們已經表達了對他人的深切關心，卻覺得少了點什麼，覺得不安，就多補了一句話，結果關係就變生疏了。讓我們來看看某公司裡兩人的對話：

金代理：這是要給呈給組長的報告，我聽說組長要這份資料。

朴科長：不愧是金代理啊！整理得真好。

金代理：多虧有朴科長啊，哈哈哈。

朴科長：是嗎？正好我也有報告要給組長，我寄給你，你來改一下吧。

金代理：什麼？

朴科長：這報告實在太趕了，你應該可以明後天交吧？

金代理：……

朴科長的話既沒有鼓勵也沒有支持，只是耍賴而已，以後金代理還能自在地接近朴科長嗎？不知道朴科長會說出什麼樣的話來，怎麼可能放鬆地跟他對話呢？沒有人留在朴科長身邊的原因是，他不僅把對方的好意當作自己的權力，還無禮地要求他人。但朴科長真的有意識到自己很失禮嗎？此刻，我們又找到了一個想好好親近他人，應該記住的對話技巧，那就是，即使有想要的東西，說話時也要說得像沒有期望一樣。鼓勵就應該以鼓勵收場，稱讚也是。

正如英國詩人王爾德所說的：「過自己想要的生活不是自私，要求別人按自己的意願生活才是。」我們想靠近他人，說出口的話卻都是在要求他人按照自己的意願生活，這些都只是自私的話而已，沒有人會笑著擁抱自私的話語。

如果萬不得已，必須同時對人說好話和壞話時，講話的順序不是先稱讚後指責，而是先指責再稱讚，舉個例子：

上司：這次研討會進行得很順利，資料蒐集我也很滿意。

下屬：謝謝。

上司：休息時間的安排也很棒，點心很美味，大家都很喜歡。

下屬：很多人都有幫忙。

上司：可是……

下屬：怎麼了？

上司：會議室的味道有點難聞。

下屬：啊，可能是因為梅雨季的關係，會議室有點潮溼。

上司：就是說啊，應該提前確認的，你沒有先來看過嗎？

下屬：……

這接下來應該會吵起來了吧？當然，因為下屬很難頂撞上司，所以他會單方面承受。上司一開始的稱讚就跟不存在一樣，下屬只記得上司的指責，徒留不開心的回憶。好笑的是，上司還以為自己稱讚了下屬。這讓人很鬱悶吧。

有句話說：「最大的喜悅與獎賞，是對某人的人生帶來根本性的變化。」這裡所說的「根本性的變化」，當然是指正向的變化，既然如此，我們就應該說好話，說完好話後，不能再補上奇怪的話，如果要這樣，那還不如不說呢。

《寶王三昧論》裡，佛祖說過類似的話，以下是其中一句：

「施德不能要求回報，如果施德還希望得到回報的話，就會產生欲望，一旦有了欲望，就會想擁有比實際還要更多的虛名。」*

我們說話也是一樣，要用好話收尾，一旦加上了無謂的遺憾或要求，對方一定會停止接收我們所說的話。

想親近他人，就不要表露出自己的期望。該停的時候就要停下來，因為再往前走一步，並不會變更好。如果已經停下來的話呢？那就要懂得等待，直到對方主動靠近你為止。

*原文：「施德不求望報。德望報，則意有所圖。意有圖，必華名欲揚。」（出處《寶王三昧論》）

Part
2

面對：維持心之距離的說話練習

當我們開始說正面話語，周遭事物就會「神奇地」為了我們的成功而奔走，人們也會向成功的我們靠近。

讓我們成長的漂亮話

我曾聽在大企業擔任高階主管的人說，世界上讓人最討厭聽到的兩句話是「不對吧」和「什麼」。你是上班族嗎？你覺得這兩句話怎樣呢？你應該對上司說過這樣的話吧。如果你覺得這兩句話很熟悉，那現在就在內心宣布和它們斷絕關係吧！因為我們不能說「世界上讓人最討厭聽到的話」，然後讓大家疏遠自己。

但另一方面，我也很好奇，這兩句話，一句是錯的時候表示不對，還有一句是因為有點奇怪才反問，為什麼會如此令人厭惡呢？因為這些話聽起來就像是辯解與反抗，沒有人能冷靜地聽別人的辯解與反抗啊。因此，不如現在就用正能量來妝點我們的話語吧。

還有另一個原因能說明為什麼要克制負面話語，讓自己被正面話語圍繞，負面話語會讓對方不快，但更重要的是，負面話語對自身成長有害。阻礙自身成長的行為只是自殘而已，因此，不要覺得漂亮話是為了討好他人才說的，就當作是為了自身成長而說的吧。

說了幾十年的口頭禪，當然無法一夕之間就消失，這就是為什麼說話需要練習。即使環境艱困，也不要帶著防禦性的心，就算刻意，也要練習展現積極的一面。若有必要，可以一邊自言自語地說正面話語，一邊像催眠一樣鼓勵自己。我聽過一位職業高爾夫選手談論自己的祕訣，他說：「開球失敗後，我內心不會去想：『這球太弱了，第二桿絕對不要失誤。』反而會想：『天氣真的好棒，風景也好美喔。對了，第二桿我要把球送到哪呢？』這就是我打出好球的祕訣。」

在說出「不對吧」的那一刻起，本來完全有機會成功的事情就失敗了，到手的幸運飛走了，我們的成長也停滯了。

現在該輪到我們做出選擇了，請看下列選項：

「計畫不能失敗！」

「讓計畫成功，然後獲得獎勵！」

我相信你一定是選擇後者。**當我們開始說正面話語，周遭事物就會「神奇地」為了我們的成功而奔走，人們也會向成功的我們靠近。努力用一句話來拉近我們與他人的距離，最後得到我們想要的東西吧。**

再來看一個例子，假設你是某公司的高階主管，為了招募有經驗的員工，面試時，你聽到了應徵者說他辭去上一份工作的原因如下：

「我實在無法忍受上司的舞弊行為，公司氣氛很糟糕，所以我工作狀態也不好。當然，我還是盡了最大的努力，成果也很好，對此我感到很自豪。」

「即使工作環境艱困，我還是很感謝前公司給我機會成長。為了嘗試更具挑戰性的工作，所以我放棄了上一份工作。」

這次很簡單吧？你應該會選第二位應徵者吧，這個選擇非常理所當然。對自己待過的公司保有珍惜與喜愛的心，不，應該說，對自己待過的公司表現出珍惜與喜愛的心，這種人最終會成為贏家。說出害人害己的負面話語，還希望別人會喜歡自己，那你就錯了。

以下是關於如何用一句話，把最糟糕的情況變成最棒的瞬間，這能幫助你遠離日常生活中的否定話語，正面看待世界。

最糟糕的話語／否定話語

「你話太多了。」

「幹嘛那麼小家子氣？」

「也太冷血了吧。」

「你怎麼這麼膽小啊。」

「不對吧。」

最棒的話語／肯定話語

「你敘述方式好多元喔。」

「原來你很在意細節啊。」

「當機立斷，不拖泥帶水！」

「你很謹慎耶。」

「啊，我沒想到這點，多虧有你，我才能馬上抓到這個重點。」

選擇親切，而非選擇正確

第一位榮獲奧斯卡獎的韓國演員尹汝貞，她曾經說過的親切話語，也在電視綜藝節目《意外的旅程》中曝了光。節目記錄尹汝貞這趟美國行，頒獎典禮隔天，她去見了歌手Eric Nam和他的弟弟，Eric Nam和弟弟是尹汝貞二兒子的老朋友。

Eric Nam一九八八年在美國出生，二〇一一年他第一次來到韓國，以記者的身分採訪尹汝貞，就算事前已看過訪綱了，但因為是第一次到韓國，不太清楚尹汝貞是誰，韓語也很生疏，所以Eric Nam緊張到連訪綱上的問題都念不好。

當時尹汝貞拍了拍Eric Nam的肩膀說：「別緊張，沒關係的，你的問題我都會回答。」十年後，Eric Nam在節目中提起了這件事，記憶猶新。雖然這也不是什麼大不了的事，但他人的一句親切話語，會讓我們看世界的角度變得不一樣，這個例子也教會了我們一些道理。

奧吉比任何人都機智、好奇又魅力四射，但他一出生外貌就與眾不同，總想遮住臉，因此，比起聖誕節，他更喜歡能遮住臉的萬聖節。他的父母想讓十歲的兒子看看更寬廣的世界，決定送他去學校。不過，這個世界實在不簡單，奧吉飽受他人目光的傷害。

不過，經歷了二十七次整容手術的奧吉依舊正向，身邊的人反而一個個因他而改變，朝著正面、幸福的方向發展。這是電影《奇蹟男孩》的劇情概要，雖然是關於小孩的故事，但我還是深受感動，電影中的一句話尤其引發我的共鳴：

「若要在正確與親切中抉擇，請選擇親切。」

這句話的意思不是叫你去做非法或不正當的事，而是當我們應該說正確的話時，請回頭檢視一下是否缺少了親切，如此我們才能學會親近他人的說話技術。讓我們藉由這部電影學習一下，真正的偉大，是擁有親切與關懷的心，而非做得正不正確。

關懷就是站在他人的立場，這會拉近我們與對方的距離。有人說：「對他人表現禮貌與關懷，就像投資小錢賺大錢一樣。」然而，這種投資小錢般的禮貌與關懷，我們實際上卻很難做到。其實，只要展現一個開朗的笑容就可以了。

有個人在金融業工作了十年以上的時間，專門服務企業客戶，他說取得客戶信賴的祕訣就是：「客戶心痛時，就跟著心痛，如果客戶哭了，就陪他一起哭。」

當然，說比做容易。如果不懂就要學習，並透過持續練習來鍛鍊自己。觀察他人的心，始終維持親切的態度，這是讓我們得以親近他人的強大能力。

舉例來說吧，你身為公司員工，出席週一的早會，看到部長皺著眉頭走進會議室，像用丟的一樣把文件甩在桌子上，生氣地說：「你到底對數字有沒有概念啊？」

你很慌張，因為你沒聽到任何背景說明，覺得很荒唐，你馬上煩躁地想著：「這人為什麼從週一就讓人心煩呢？」這股煩躁感會直接轉為對職場生活的懷疑吧。「這種聽上司沒頭沒腦罵人的職場生活，到底要持續到什麼時候？」你很想跟他槓上，大喊：「為什麼莫名其妙對我發火？」

但如果就這樣讓對話的環境荒廢，關係怎麼可能好好地成形呢？那我們該怎麼做呢？如果是以前的我，要嘛自己消氣，要嘛就大聲喊出來，二選一。如果是現在的我呢？我會先忍下來，延後回答的時間，最後呢？我會去別的地方。

中國經典著作《孫子兵法》中寫道：「如果事先知道戰場與戰鬥時間，即使行軍千里也能戰勝敵人。但如果不知道戰場與戰鬥時間，即使是同一支部隊，連左側的人都救不了右側的人，反之亦然。」*與他人對話也和戰爭一樣，要改變對話的時間、對話的地點，才能拉近彼此距離。

我想特別說明選擇對話場所的重要性，如果情況不變，與其當場說，不如換個地方說。在移動的過程中，上司的怒氣會一定程度地平息，最後兩人在舒服的場所說話，這才是真正能親近上司的對話技術。

我來整理一下，如果發生上述的情況，就思考一下想法、時間、場所吧，不要急於開口，先考慮對方的情況。雖然直接問對方也很好，但至少要用點常識，思考他為什麼講話會如此凶狠，然後往好的方向想，例如：

「聽說他一大早就來參加幹部會議，是不是被罵得很慘？聽說最近公司的業績壓力非同小可，是不是因為我們這組表現不好呢？不然我先說些安慰的話好了？」

這樣想就對了，再多點親切與關懷，我們還可以進一步思考：

「領導者果然不是誰都能當的，他壓力到底有多大啊？吃完午餐請他喝杯咖啡好了。還有，總有一天我也會當上部長，所以我也要想想，怎樣才是優秀領導者的言行。」

---

*原文：「故知戰之地，知戰之日，則可千里而會戰；不知戰之地，不知戰日，則左不能救右，右不能救左。」（出處《孫子兵法．虛實篇》）

掌聲鼓勵！現在你還剩下時間與地點要選擇。時間的話，只要避開現在就可以了，如果你是在早上聽到煩人的話，至少在午餐前不要說任何話。好，現在午餐時間到了，是時候選擇地點，發揮你的對話能力了。

「部長，早上開會很累吧？我們去吃飯吧，飯後咖啡我請客。」

針對那些對我們毫無來由亂發脾氣的人，與其立即應對，不如暫時放一邊，換個地方，用我們親切與關懷的心，站在對方的立場思考一下再說話，這股力量將讓我們更靠近對方一步。

眞正的偉大，
是擁有親切與關懷的心，
而非做得正不正確。

第一顆球一定要投進

我看過一項有趣的研究結果，研究將人群分為A、B兩組，A組在向別人提出要求時會馬上問：「能幫我〇〇嗎？」B組在問問題之前會先說：「今天天氣很好耶。」或是說：「這裡的音樂很棒耶。」然後再對回答「是啊」的人問：「能幫我〇〇嗎？」

研究結果如何呢？B組得到幫助的機率是A組的兩倍以上，藉此我們學到親近對方的說話祕訣，也就是以下這句話：

「我們的第一句話應該要引起對方的肯定。」

無論如何，對方的第一句回答一定要是肯定的。當然，與人相處是世上最難的事，第一句話就要取得對方的肯定，這個目標也許會讓人感到茫然，但其實這也不是什麼複雜的事，因為我們不需要以什麼厲害的事來獲得肯定，只用小事來取得肯定也沒關係。

雖然這是很久前的事了，我想起曾橫掃韓國籃球界的一位教練，他曾經傳達過一個比賽戰略指示，他在比賽開始前對選手們說：「第一顆球我們一定要投進。」

對此我曾經不解，心想：「籃球比賽能得好幾十分，為什麼要執著於第一顆球呢？」不過，我現在已經懂他的意思了，因為「第一句話」「第一顆球」會帶動起支配對話與比賽的氛圍，因此，與他人對話時，我們要努力讓對方的第一句回答是肯定的。

真的很難吧！沒錯，為了親近他人，說話真的很不容易，這是當然的，了解人心哪有這麼簡單呢。他人是無法理解、難以理解的，我們要先考慮別人內心的想法再說話，這談何容易。

豈止如此，昨天還以為對方會幫忙，今天卻又改變了說法；今天對方還對我皺眉，明天卻莫名其妙地對我溫柔。

不過，我想提醒大家，聽到太甜蜜的話語反而要小心，我經常對身邊的人這樣說：「第一次參加聚會時，如果聊得非常順利，那就代表是以下兩種情況之一：不是非法多層次傳銷，就是邪教團體。」在社會上賺錢生活的代價，應該就是要聽討厭的話吧。

對話本來就很難，所以，如果對話很順利，我們應該要留意，而不是高興地想：「哇，怎麼這麼心靈相通？」我們要記住的前提是，與人溝通是很難的，若不承認這一點而激動地說：「為什麼溝通這麼難呢？」那就要怪自己不了解溝通的基本道理。

以下是我喜歡的經典《莊子》中的故事。「你認識螳螂這種昆蟲嗎？牠對著迎面而來的馬車生氣地揮臂阻擋，不知自己無法與之抗衡，這是過分相信自己的能力，我們要小心謹慎，如果屢屢誇耀自己的能力，觸犯他人，終究不會長久。」*

讓我們反思一下，不考慮他人的情況，只想著自己的對話方式，是不是就像試圖阻擋馬車的螳螂呢？

如果你覺得：「我明明是對的，為什麼他要這樣？」那麼請記住，我們無法改變對方，無法改變他人，要改變的是我們自己。只要記住這點再繼續對話，我們就能拉近與對方的距離了。

＊原文：「汝不知夫螳螂乎？怒其臂以當車轍，不知其不勝任也，是其才之美者也，戒之，慎之，積伐而美者以犯之，幾矣。」（出處《莊子．人間世》）

讓我們的話語成為他人的勳章

越來越多人連「加油」都不讓人說，這個道理的根據是，不曉得對方狀態如何，盲目地說加油沒有任何意義。關於這點，我持反對意見，即使如此，還是希望你能毫不吝嗇地替他人加油，對別人說「加油」「一切都會順利的」。

我在《韓非子》中看過類似的故事，對於「遊說」，也就是「讓他人接受自己的主張」，書中提出了以下的建議：「對於他人感到自豪的部分，我們要稱讚對方；對於他人感到羞愧的部分，我們要努力幫對方掩飾。」*

回顧一下我們說出口的話吧，我們是否迴避了他人自豪的部分，挖掘他人羞愧的部分，我們是否說出了冷漠又殘酷的話呢？我先告解，我就曾經如此，對他人的喜事佯裝不知，卻想要挖掘他人的祕密，去告訴其他人，這樣的我能好好親近他人嗎？

如果對方想做的事並沒有違法或不當，我們就應該鼓勵他去做。儘管覺得辛苦，但那是他不得不做的事，我們就應該從容地將這件事形容成美好的模樣。希望一步步親近他人的從容與等待的耐心，都能融入我們的話語中。

希望我們能熟練地說出帶給對方力量的話語，也希望我們會說肯定的話語，而且不斷反覆地說。如果這些肯定的話語並非無可救藥的樂觀，那麼，這些話就會成為活著的力量與成長的契機。

有句話說：「正向思考的企業，透過收購負面思考的公司，創造成長的契機。」難道只有企業如此嗎？

對於他人感到自豪的部分，希望大家能毫不吝嗇地稱讚，這看似容易，實際上卻很難，那我就更想勸大家這麼做了。回頭看看自己，我們有多麼渴望稱讚與認可啊！請你好好利用這點吧。

---

*原文：「凡說之務，在知飾所說之所矜，而滅其所恥。」（出處：《韓非子．說難》）

說成「利用」，覺得有點彆扭嗎？沒關係的，因為把稱讚拿來利用，在任何時刻都是無罪的。

動章會掛在哪裡？勳章會掛在胸前，它不掛在腋下或跨下，為什麼呢？因為勳章是給別人看的，所以要掛在最顯眼之處。為了讓別人看到後覺得：「哇，這個人很優秀耶！」所以才把勳章掛在胸前。老實說，我們把勳章掛在胸前，就是希望能得到他人的稱讚與認可。

這邊我們又推導出一個說話的小祕訣，不如就讓我們的話語成為他人的勳章吧！在大家聚集的地方，公開表達對他人的認可、稱讚、鼓勵，說出同感喜悅的話，用這種方式親近他人，沒有人會不喜歡。尤其當你覺得「為什麼我身邊都沒有人呢」的時候，更要這樣做。

雖然朋友很多，但是都不會主動聯絡自己，總要先問候一下才會見面，就算是見了面，對方好像也無法自在，覺得自己好像給人難以相處、很有壓力的感覺，如果是這樣，請大家回顧一下，這段期間，自己在與他人建立關係時，是否習慣說否定的話。

如果朋友說：「那家餐廳很好吃。」你是不是會回應：「但配菜不怎麼樣。」如果對方說：「那部電影很有趣吧？」你是不是會找出缺點說：「電影很好看，但演員演技不怎麼樣。」就算別人都說很好，我們是不是已經習慣非要找出缺點，試圖否定對方的話呢？

從現在開始，哪怕只是一句話，我們也要好好練習，找出別人的優點並稱讚對方，與其說「為什麼那樣」，不如肯定地說「這也是有可能的」。如果有人嘲笑他人的努力，說他在白費力氣，這時，如果我們能夠正面回答：「他正努力著呢！」這樣我們與世界的關係應該會更美好吧。

如果有十件想說的事，就只說一件

春天不會悄無聲息地到來，正所謂春寒料峭，最嚴寒的時節，就是春寒。整個冬天，我們蜷縮著身子，正想好好舒展筋骨時，春寒就突然到來，所以我們會難以適應，不只身體如此，心情也是。老天要送我們春天的禮物，就好好送嘛，為什麼還要送春寒來呢？

這不就是大自然給我們的教誨嗎？大自然是在提醒，當我們真的要走向世界時，應該更加小心。舉例來說，有顆小小的種子埋在地下，它戰勝漫長的冬天，鑽出凍結的泥土發芽，實在了不起。種子的目標應該很簡單，那就是「我想離開這裡，我想去外面的世界」，但這真的是種子的目標嗎？

將來有天結成果實，重新散播種子，這才是種子的目標。這是段漫長的過程，不是單單走向外面的世界而已，而是要在外面的世界克服種種困難，堅持下去，老天應該就是透過春寒來警告我們要小心吧。再次確認目標，與大家一起朝著目標前進，這也是我們對話時需要的心態。

目標越明確、越透明，話就不用說得太長，因此，重要的是，要知道什麼才是重要的，專注於核心。那麼，為了達成對話的目標，我們應該要說什麼呢？

我們要從核心開始說起，舉個具體事例來看一下吧。假設你是公司某部門的組長，你想提議找個地方一起聚餐，你會選擇用以下哪種方式說話呢？

#1

「吃什麼好呢？金代理，你想吃什麼？聽說李科長對堅果過敏？」

#2

「吃什麼好呢？就選一個從公司走路就到得了的地方吧。」

前者這種意見詢問很普遍，但後者從選擇聚餐場所這個議題向大家提議，這就是達成對話目標的捷徑。如果要連時間與個人喜好都一起考慮，才決定場所的話，就很難得出結論了。先確定場所，之後再確定餐點與時間，這才符合對話的順序。

為了讓對方可以自在地選擇，我們要盡量減少不必要的言語。如果你認為溝通是「傾注我的所有，才能取得成果」，言語就會變得雜亂無章。舉例來說，請專心閱讀以下案例中店員所說的話。

顧客：我來買椅子。
店員：椅子嗎?這張很棒喔，是北歐現在最流行的款式……
顧客：我是想買給孩子用的書桌用椅，希望能找便宜一點的。
店員：唉喲，不能這樣說啊，功能比價格重要，品牌也很重要，所以這張椅子……
顧客：那個，我剛剛說過，我是想買給孩子用的書桌用椅。

店員：那這張椅子怎麼樣？書桌也一起換掉吧。現在買一套有促銷折扣，活動這個月就要結束了……

顧客……

店員完全不聽顧客說話，這種說話方式只讓人覺得煩悶。努力說服顧客，固然是好事，但更重要的是好好說服吧。雖然這是個有銷售業績才能生存的時代，但如果不考慮消費者的想法，業績是不可能好的。照著銷售守則，機械式地推銷，只會讓顧客遠離我們。

話講得越長，就越無聊，如果我要說一百件事，就要去除其中的九十件事，只說剩下的十件。別人是不會等我們的，要練習簡要、有力量地把該說的話傳達出去，不要傳達太多無謂的東西，也不要冠上宏大的理由，只說對方想聽的重點就好。

我們再看看其他例子。有位家長去電子商場，想買筆記型電腦，如果你是店員，你會選擇用以下哪種方式說話呢？

#1

「您說要買孩子上課用的筆電吧？這是最新款的筆電，強化了螢幕與聲音等性能，改善了便攜性，支援英特爾第三代i7四核心處理器與十六GB內存記憶體，並採用了RAM的加速技術。不只這樣，內置AMD的新型顯示卡Radeon HD 8870M，與之前的產品相比，圖像處理性能提高了七〇%，不僅看電影不會卡頓，還可以編輯HD高解析度的影片和玩高解析度的遊戲。最近很流行露營，你們常去露營嗎？這個產品搭載了HD高解析度的一百七十八度超廣角畫面，畫面亮度為三百尼特，在戶外觀看也沒問題。此外還配有兩台4W功率的JBL立體音響，有低音輔助技術，在低音的部分表現也非常出色。充電一次，最多可使用十一小時三十分鐘，厚度為二．〇九公分，算是輕薄型的。你覺得怎麼樣呢？」

#2

「您說要買孩子上課用的筆電吧？這款筆電是上課用的筆電中賣得最好的。」

大家都能理解店員為什麼想以第一種方式表達，也知道店員確實非常了解產品，但說話這件事，是由對方來評價的。與對方狀況相應的話語，則是第二種表達方式。如果想親近顧客，取得成果，並且把顧客變成為回頭客的話，希望你能用第二種方式說話。

景仰他人的完美方法

有位老師對中學生說：「適性測驗結果顯示，你在數學方面沒有天分，但在英文、國文方面有優勢。」你會怎麼看待這句話呢？這句話也許對老師的人生毫無影響，卻可能讓學生這輩子就此放棄數學，這句話很殘忍又冷酷，當然老師也可以辯解：「我是把重點擺在學生的強項上來談，並不是聚焦在學生的不足之處。」

是嗎？對學生的未來而言，這樣的想法能成為老師的免罪符嗎？老師的話就像是一種制約，雖然老師說「你是……的人」時，是意圖良善地想鼓勵學生，稱讚學生在英文、國文方面有優勢，但如果為了凸顯優點，而刻意指出在數學方面沒有天分，那麼對聽者來說，這句話就只是詛咒而已。學生在中學，甚至到高中為止都無法迴避數學，然而，他卻可能就此放棄數學。

我想談談我們對他人的評論。先說結論，**不管是用怎樣的說法，請你無論如何都不要評論他人**。尤其是當評論內容包含你自己的負面想法時，跟對方說話的時候就要非常謹慎。評論會變成判定，判定弄不好的話，就會變成詛咒。

錯誤的稱讚也是同樣的道理，常見的說錯話行為之一，就是誤把對他人的評論當作稱讚，以下舉例說明。

假設你是上班族，是某部門的組長，組員帶著報告來找你，檢查完報告後，你說：「金代理，報告寫得很好！」如果我是組長的話，話說到這裡就會停下來，這樣就是稱讚，但大多數的情況，我們會在稱讚後面補上奇怪的話，這句話就從對他人的稱讚，變成評論、批評與指責。

「但是你怎麼沒有預測業績呢？應該要寫數字啊，平常你都把數字想得很簡單，現在又……」上司認為自己稱讚了下屬，但下屬的想法卻完全不同，下屬心想：「又被罵了，沒有寫數字，就只有挨罵的份。但指派工作時，就應該先叫我整理業績數字啊？」或是覺得：「我都照你的指示做了，現在又叫我修改報告。」這種情況在職場上很常見。

稱讚完別人之後，又用鼓勵的話叫人要小心，這種情況在溝通時經常發生，比如剛剛的例子，上司說完「金代理，報告寫得很好」之後又說「辛苦了」，這種結尾也很危險，因為通常「做得好」或「辛苦了」這些話給聽者的感受並不是加油鼓勵，而是覺得自己受人評價。對方是受評價的角色，所以只能持續處於緊張的狀態。

那麼到底該怎麼說呢？不如這樣說：「金代理，報告寫得很好！關於競爭市場的分析我都沒想到，這部分對同事也會有幫助。」

以稱讚開始，以稱讚結束，從頭到尾不帶有一絲指責的意思，讓稱讚的話以原貌完整地傳達給對方。如果用如此完美的方式景仰他人，我們就可以更親近他人一點了。

我們都希望能互相幫助，因為人類的存在本來就是如此。那我們就應該依靠彼此的幸福活下去，而不是彼此的不幸。幸福始於對他人說「你的言行對我有幫助」的時候，當然，要說出這句話沒那麼容易，因為我們從沒見過、也沒聽說過這種話，因此，對於稱讚、鼓勵的話，我們會感到尷尬，又在實際說出口時出差錯。

A部門進行一項計畫，這件工作很艱辛，需要整個部門的全力投入，所有成員都很努力，部門中，有個人以優越的能力帶領大家執行這項計畫，我們就叫這個人「朴代理」吧。這項計畫最後成功了，你是A部門的組長，你集合全體成員，對大家說：「朴代理，你辛苦了，不愧是我們部門的王牌！」

說說看你對這句話的想法吧。嗯，這的確不是一句讓人開心的話。你也許覺得這是鼓勵或稱讚，但這句話僅僅只是評價而已，只表達出「你比一般人強一點」的比較優勢而已。豈止如此？其他人也都聽到你說的話了，那他們到底算什麼？其他人是比較不優秀的人才嗎？

如果我們想親近他人，不如就這樣說：「大家都辛苦了，朴代理的想法，對我個人而言幫助特別大。」

這句話不帶有任何評價，只表達了說話者因為從別人那裡得到幫助，覺得很感謝，其他成員聽到這句話也不會不舒服。像這樣慢慢拉近心與心之間的距離，我們的關係應該就會改善，變得更親近吧。

當然，要表示對方的言行對自己有幫助，這還是很彆扭的，因為我們都對這種話很陌生，但有一點是肯定的，正因為這種話很尷尬，所以只要能做到，就能領先其他人一步，因為我們說出口的，是能親近他人的話。

高品質的對話，需要時間熟成

人類能使用的東西中，什麼是最有價值的呢？應該是時間吧。對話也是一樣，如果缺乏絕對時間的對話，關係就會變得生疏。如同越少見面，就越疏遠；越少對話，也會越難親近。特別是工作上的關係，這種情況很常見，比如活動結束後，對他人就不聞不問。

如果真的變成這樣，雙方的關係就無法再進一步了。要是彼此完全不認識的話，還能重新開始，但彼此認識，卻缺少時間的潤滑，那就很難拉近關係了。

舉個例來說吧。某位研究生用心地和教授溝通交流，取得碩士學位後，這位學生進了別的研究所攻讀博士學程，他在新研究所、新教授的指導下努力學習，當然，與碩士時期的教授就越來越少聯絡了。期間，這位學生接到一項計畫，這方面的權威人士正好是碩士時期的指導教授。他需要教授的幫忙，所以打了通電話給教授，說：「教授，好久不見，最近很忙吧？我這次……」

請問這位教授會開心地歡迎這位曾經的弟子嗎？不會。讓我們來思考一下親近他人所需要的「絕對時間」吧，我說絕對時間，好像會被誤會成時間的總額，不如說是絕對頻率，這樣更加精確。談話的內容也許很簡潔，但是要維持著交流，這種態度才是最重要的。

當然，學生也會有話想說：「因為教授很忙，我不敢隨便聯絡。」但對教授來說，這只是辯解。如果有維持著簡短的問候，還需要這樣辯解嗎？見面也是如此，見面不用待到兩、三小時，只要說：「老師，我想見見您，請撥個十分鐘的時間給我，我去研究室找您。」然後去拜訪一下也可以，哪怕一年只有幾次。

尤其是已經在對方身上得到東西了，達成目標後，我們更應該要注意，不能草率地認為自己現在已經很了解對方，或是已經得到想要的東西，不再需要對方了，就減少見面的次數，這種行為實在幼稚。因為要尋找新的事物、新的人，就忽視已經建立起來的關係，如果想親近他人，就不該抱持這種態度。

某天，我聽到對銷售頗有見解的人說了一段話，留下深刻的印象，他說：「很多銷售人員不是因為找不到新顧客，而是因為疏於管理現有的顧客而搞砸了。」我認為他所指出的是，許多人不懂管理已經建立起來的關係有多重要。把焦點放在新朋友身上，這也是必要的，但無視且破壞現有的關係，是我們在建立新關係前更應該注意的部分。

當然，也許你已經厭倦辛苦、長期的努力，想盡快與對方結束交流。歷經千辛萬苦終於取得成果，現在只覺得空虛，這種情況也很常見，但是請記住，如果你的態度是「我已經從你身上得到想要的一切了」，那你就會傷到對方。因此，不要因為辛苦的溝通結束了，或是已經得到想要的東西了，就輕易地忽視現有的關係。

假設我們是農夫，收穫的來源是土地，難道我們收穫了農作物後，就停止對土地的關心嗎？不是這樣的。為了下一次的收穫，我們反而要在收穫後思考如何管理土地。既然取得了成果，我們就應該專注在成果的來源上。道理都是一樣的，如果得到了什麼，就要去關照成果的來源，人應該是被關照的對象。

來舉個例吧。假設一個案子投標成功，成功的基礎是什麼呢？很酷的簡報嗎？壓倒性的產品品質嗎？完美的售後服務嗎？不是的，成果的基礎是「人」，成果的開始與結束，都在交流的對象身上。不過，要是取得成果後，就疏忽了與他人的關係呢？與好不容易才親近的人建立關係，卻又輕易結束這段關係，這種做法就是無知。

溝通就是人際關係，人際關係大多和交往的時間成正比，因此，把時間花在人際關係上是理所當然的。不論是現有關係還是新關係，我們都要見面，也要對話。問候他人，詢問對方有沒有不清楚、不方便之處，如果有任何新問題，就要親切地說明。結束並不代表就真的結束了。

是時候和無知道別，不要再以為工作結束，對話就結束了。工作結束後，請一一回顧每段過程，回想對他人的感謝、對自己成長的感謝。為了讓彼此關係成長，希望大家能夠擺脫過度防衛的泥淖，別將一段關係困在原地，回顧一下自己的說話方式，讓現有的關係發展成更好的關係。

工作結束後，
請一一回顧每段過程，
回想對他人的感謝、對自己成長的感謝。

我們說的話對他人有什麼意義呢？

這句話就是我們目前正在煩惱的主題，為了得到想要的東西，我們跟對方說了很多話，但對方的回應經常都只是迴避而已。這時，請你反省一下自己是否固執地強迫他人接受「自己的理由」。因為不是「對方的理由」，而是「自己的理由」，所以對他人來說就是噪音。

創造好對話，要記住兩種態度

想親近他人，或是想讓他人傾聽我們，必須具備以下兩種態度，我是聽一位上過電視的講師說的，他說：「第一，我所說的話應該要能帶給對方快樂。第二，我所說的話應該要能引起對方的興趣。」如果能注意到這兩點，我們的說話方式將不同以往，在接近他人時一定會獲得更好的結果。

想讓關係延續，對話時，不能只考慮自己，我們要考慮對方，注意對方開不開心、有沒有興趣。因此，我們應該經常思考，現在說的話能不能帶給對方快樂，引起對方的興趣。

如果與「對方的理由」相距甚遠，那我們說的話就只是毫無收穫的回音罷了。俗話說：「偉大的人設定目標，平凡的人就只有願望。」我們應該反省：自己說的話與他人的願望是否天差地遠？是否只是我們自己的願望而已？請記住，有目標的人，說話時會注意對方開不開心、有沒有興趣。

今天的我們也在說話，但對於自己帶著怎樣的想法在說話，我們常常是不關心的，只是說著沒意義的話。其實，話說出口之後，如果什麼事都沒發生，那就還算幸運，有時候會因為說錯一句話就把一切都搞砸。

與說話有關的諺語你記得有哪些嗎？請回憶一下，你想到了什麼呢？

「良言一句，可抵千金債。」

這是最有名的一句韓國傳統諺語，我們來看看這句諺語吧。

在這個把錢看得很重的資本主義時代，如果能用一句話就把債務清還，聽起來實在很不錯。不過，這句諺語應該用以下的角度解釋：債務還清之後，會剩下什麼？所謂的債務，也就是負數，負數填滿之後，會變成什麼？不是正數，而是「零」，是重新開始。

到頭來，「良言一句，可抵千金債」這句諺語的意思，並不代表說話就能得到些什麼，它只代表了，我們應該要好好說話，才能清還債務。

再找找看關於說話的諺語，搜尋時你會發現，提醒人說話要小心的諺語，比勸人多說話的諺語還多很多。

白天說話鳥兒在聽，晚上說話老鼠在聽。（隔牆有耳）

舌頭底下有斧頭。（禍從口出）

熊因膽死，人因舌亡。（熊被取膽而死，人因多話而亡）

話多的人家，連醬油都是苦的。（話多的人家會有諸多不順）

只用言語招待大家。（口惠而實不至）

美貌的價值因言語而減。（長得再美，也可能一開口就掉價）

進了棺材也別說妄言。*（到死都不要亂說話）

說話與對話都不簡單，做得好，才留得住本錢；做不好，就會損失慘重。話不能隨便說，說話要誠懇，要時刻謹慎。我聽過一家中堅企業的採購經理說過以下的話：

「為了採購，就算合作企業的負責人開玩笑，輕易地說出沒誠意的話，一開始我都會一笑置之，畢竟人偶爾都會犯這種錯。但如果情況反覆發生，連我都會看不起那個人，甚至看不起他所屬的公司。雖然不能仗勢欺人，但我真的不想跟沒有真心誠意的人對話。」

不要因為談得來，就隨心所欲起來，要抱著誠懇的心，考慮對方開不開心、有沒有興趣，沉穩地說話。如果能保持沉穩態度，一邊思考「對方的理由」，一邊謹慎發言，本來冷漠的人，也會不知不覺地更親近你。

---

*皆為韓國傳統諺語。

未來，我們與世界的關係，
取決於我們現在怎麼說。

不懂的話，就不要裝懂

想親近對方，就要先愛對方，若完全沒有愛，只有厭惡與排斥，那要拉近距離，是絕對不可能會發生的事。那麼，愛的第一項義務是什麼呢？那就是傾聽。傾聽他人，就代表了解他人，就算不了解，也代表你願意為了了解而付出努力。

其實，最讓人不爽的，就是在不了解他人的情況下說話。我在職場上工作了很長一段的時間，有機會和形形色色的人聊天，我聽過一家中堅企業的招聘負責人說過以下的話：

「看著無數份履歷，有時我會很生氣，很好奇這些人到底是否有先了解我們公司，大半的應徵者都不知道我們公司是做什麼的，這讓我很不開心。雖然我試著正向思考，畢竟我們也不是什麼大企業，但我真的覺得他們連找工作的基本禮儀都沒有。偶爾會覺得，我應該另外把這些人整理成一份黑名單，跟認識的公司分享。」

看到這，應該能感受到在不了解的情況下寫作或說話的危險性了吧？當然，我們偶爾需要不懂裝懂，但既然要裝懂，就應該好好了解後再裝懂，因為說話時展現出自己的無知，最讓人不爽，不爽到會讓人想斷絕關係。

對方是怎樣的人、他想要什麼、他所屬的集團想要什麼，我們不可能全都清楚，不過，還是要有一定程度的了解。這就是對話與建立人際關係的基本禮儀，意思就是，我們必須了解最基本的部分。因此，切記這句話：「不知道就不要說。」

那麼，為了了解，我們該做什麼努力呢？答案就是，訓練自己想像對方的想法。對話是有對象的，如果沒有想像對方的想法，就直接衝上去對話，這種對話是不穩定的。請記得，對話是一種需要想像力的高難度技術。在對話的初期我們經常會犯錯，這也是因為我們還不夠了解對方。

舉例來說，有時對方只是表示好感而已，我們卻把對方的話當作對自己的肯定。對方都還沒敞開心扉，輕率又急躁的行為會毀掉一切。原本只是輕微的感冒，惡化的話，也是會發展成肺炎，所以，跟他人對話時，從一開始的輕鬆談話就要謹慎處理。

對話以人際關係為前提，而人際關係始於對彼此的關心。問題是，我們往往只關心對方擁有的東西，也就是只關心我們想要的，卻因此錯過了更重要的。如果我們感興趣的不是對方本身，而是他擁有的東西，對方也會馬上察覺到，繼續對話下去，只會讓關係更加疏遠。

在職場或社會上，了解他人，代表的不只是權位低的人應該了解權位高的人，或者下屬應該了解上司，掌權者也要了解他人，才會被尊重，上司也要了解下屬，才能有所作為。上司若不了解下屬的想法與心意，再怎麼溝通，都只會得到毫無意義的結論。以下，我以職場上司和下屬間經常出現的不協調對話來舉例說明。

組長對組員下達工作指示：「請你們寫二〇二三年的銷售計畫報告。」很多管理者說完這句話就回去做自己的事，以為這樣下屬就會做好報告。這是正確的指示嗎？不是，這只不過是削弱公司整體能量的低效率指示而已。組員可能需要投入寶貴的時間，反覆修改報告，從「第一版」一直改到「第十八版」。

中階管理者要讓自己管理的組員對每件小事感興趣，讓他們發揮卓越的觀察力。領導者的任務，就是讓組員在適當的時機做出成績。如果你是領導者、上級、前輩，應該要知道如何給組員正確的指示。正確的指示是什麼呢？先掌握組員的想法與狀況，也就是先了解對方再給予指示。

「寫二〇二三年的銷售計畫時，成長幅度就設定為去年的一三〇%，主要的成長，就鎖定利用週末短期旅行的上班族，你覺得怎麼樣？費用的部分，我們先討論好計畫之後再整理就好。」

聽到這樣的指示，組員會比較安心，也就不會把時間資源浪費在毫無意義的地方上。與其執意要個別聚餐，或是喝咖啡談心，不如像這樣，在工作時給予組員明確的指示，這才是職場上親近他人的美麗話語。

對話以人際關係爲前提，
而人際關係始於對彼此的關心。

昨天談得來，今天不一定談得來

對話總是新鮮的，新鮮代表充滿希望，但另一方面，也代表「重置」的意思。就算去年達成了一些目標，今年卻不一定，不，應該這麼說，就算昨天談得來，今天卻彼此衝突，這才是普遍的情況。我們必須謹慎，至於要如何謹慎，關鍵字就是要謙虛。

舉例來說吧，商場上，有人認為一旦成功就會一直順利下去，便說出了以下這些空話：

「相信今年也會跟去年一樣順利吧。」

「還能有什麼事嗎？你一定會繼續照顧我們的吧。」

「我們已經是合作夥伴了，為什麼還需要其他公司報價呢？」

這是傲慢的話語，我們必須謙虛再謙虛。韓文有個詞叫「八不出」，這個詞源於「懷胎不到八個月就出生的孩子」，因為沒有完全生長，所以用來指幼稚的人，有「差一點」「不夠」「不足」的意思。

但奇怪的是，所謂八不出並不單純是幼稚的意思，還特別指不謙虛的人，也就是自以為是的人。我們用八不出來形容炫耀自己，或是炫耀妻子、孩子的人，全都與驕傲有關，也就是與不謙虛有關。不謙虛只會帶來關係上的不便嗎？不是的，驕傲之所以可怕，是因為驕傲會導致傲慢，傲慢最終會毀掉自我。

明明擁有很多，卻要安靜地埋沒在人群中，這絕不容易，因為人會想要炫耀，想要張揚，想得到認可。我們從小就學到不能落人後的道理，與人比較，並理所當然地炫耀自己，是我們的日常，因此，謙虛肯定會讓人覺得不習慣。

我們要找回在競爭陰影下丟失的謙虛，有些事在他人眼裡並不值得炫耀，我們卻無法忍住不炫耀，這種魯莽的行為應該摒棄。我們應該可以用以下的方式說話：

「感謝您今年的協助，明年，我以全新的心態來準備。」

「這次的事情，我心裡只有感謝，接下來，我會用挑戰的心態，重新開始。」

「請把我當新人對待，多多指教。」

謙虛地請求別人幫忙才能成功，就算以前關係很好，但是懷著重新開始的心態表現出來模樣與話語，才能讓彼此的關係好好延續下去。韓國歌手金光石有首歌曲叫〈三十歲之際〉，其中有段歌詞是這樣的：「現在重新開始，年輕時的夢想啊。」唱出了對全新開始的渴望與希望。

年輕時光就像做夢一樣，曾經融洽的關係也像做夢一樣，即便是已經建立起來的關係，也要把它當成夢，帶著謙虛的心，重新開始。不管你已經得到什麼，或是沒得到什麼而內心受創，把一切都忘掉吧。忘記不好的，就算只有一點點好，也要留存心中，然後謙虛地說出口，這樣，我們就不會失去原有的關係，還能更進一步展開新的關係。

感謝是用言語表達的免費禮物

很多人即使被稱讚了也不懂得感謝，舉例來說，如果是上班族，要讓大家看到你的業績，如果有人稱讚你業績很好，就要懂得感謝，但對許多人而言，最後的感謝階段尤其尷尬，這真的很可惜。感謝在任何對話中都是必經的收尾過程，但也是容易被疏忽的部分。

我很喜歡滋養劑，雖然不知道是否真的對身體有幫助，但吃了確實暫時讓人感覺有活力。其實，吃滋養劑，之所以會暫時感覺有活力，是因為產品添加了糖，其實是糖的作用。還記得我得知這件事之後感到有點空虛。

就對方而言，你的感謝也有滋養劑的作用。感謝是用語言表達的禮物，所以只要說出來就好，不用多做什麼。現在，就讓我們把這份用言語表達的禮物時常掛在嘴邊吧。中國經典《韓非子》中有段這樣的話：

「所謂禮，就是用表達感情的方式來呈現所有的義，是規範君臣、父子關係，區別貴賤、聰愚的方法。若只在內心仰慕，對方不會知道，因此才經常壓低身子行禮，快步走，以此表達心意。」*

只在內心仰慕，對方不會知道，那該怎麼辦呢？所以才經常壓低身子行禮，快步走，這個行動本身就是心意的表露。如果有想親近的人、尊重的人，當然要用行動或言語來表達我們的心意。

但我們經常錯過感謝的時機，事情結束時，就是該表示感謝的時候了，不論成敗，在該互道感謝的時候，我們卻非要用言語來表達心中某個角落的遺憾，因而讓彼此的關係疏遠。這種情況就是因為覺得關係要結束了，才輕易地把這些話說出口：

「雖然結束了，但我心裡不是很舒服。」

「你知道吧？我們吃虧了。」

「因為要求太多，我被究責了。」

「雖然都走到這一步了，但你也知道我真的很辛苦吧？」

以上是我們實際經常說的話，你沒這麼說過嗎？真的嗎？也許是因為我們太輕易就說出口，所以根本沒有意識到。就算過程很辛苦、很困難，但直接說出遺憾也不好，我們不需要執意拉開彼此的距離，傷害彼此的心。

請記住，**感謝是需要特地去做的好事。在行事曆上註記別人的生日、升遷日、喜事等，對他說一句喜悅與感謝的話，這樣就能親近對方了。如果成功接下案子，寄個電子郵件給相關的當事人表達感謝之情吧。**

也許事情不是「一切都結束」，而是「從現在開始」的機會，如此一來，親近他人、面對他人，最終建立良好關係，就會是理所當然的結果。想成為有能力的業務，只讓商品亮眼是不夠的，必須讓顧客也容光煥發。

---

*原文：「禮者，所以貌情也，群義之文章也，君臣父子之交也，貴賤賢不肖之所以別也。中心懷而不諭，故疾趨卑拜而明之。」（出處《韓非子．解老》）

同樣的，要習慣聚焦在感謝對方的言語上，現在的我們應該這樣說話：

「事情結束，我真的非常感謝。」

「雖然很辛苦，但很有意義。」

「希望下次也能多給予協助。」

如果已經能自在地表達感謝，那就應該再提高表達的水準，不只用「謝謝」來結尾，還要具體說出感謝的原因，請照下面的方式說說看：

自己：這個日程安排真的很辛苦。

對方：我也這麼認為。

自己：執行過程中，你有沒有這麼想過，要是哪個部分順利的話，就更好了？

對方：有啊，如果能順順利利的，對我來說也會比較容易一點吧。

自己：這樣啊，但就算遇到很多困難，你還是很幫我，謝謝你。

對方：很感謝你這樣想。

自己：謝謝你在決策過程中說服了相關負責人。

對方：唉呦，別這麼說啦。

自己：我也是第一次遇到一直幫我到最後一刻的人，真的很幸運。

對方：謝謝你。

古代哲學家西塞羅說：「感恩是最偉大的美德，也是一切美德之父。」

如果你平時沒有對他人施以美德，現在就從一句簡單的感謝開始練習吧，因為最棒的美德就是感恩。

感謝是需要特地去做的好事。
在行事曆上註記別人的生日、
升遷日、喜事等，
對他說一句喜悅與感謝的話，
這樣就能親近對方了。

即使對話結束，關係也還沒結束

「讓每個離開你的人，都變得更好、更幸福。」

這是德蕾莎修女說過的話，是一句非常美麗的話語，不把分手看成結束，而是要一直維持美好的關係，祈求離開的人能夠幸福，這樣不是很帥嗎？從別人身上有所收穫後，關係又更進一步，這樣不是很好嗎？

因事情圓滿結束而滿足，終於閒下來，感覺就像吃飽了只想休息，但此刻更要小心，因為我們和對方的關係才正要開始。聰明的溝通者懂得把取得成果的那一刻視為新的開始，懂得在對話現場活用「滅掉的火也要再檢查一次」的道理。

假如我們透過對話，從對方那得到了不起的東西，收穫越大，越要懂得考慮對方的立場。

我們經常用「裝蒜」來形容人吧？得到了想得到的東西後，就態度大變，這是限制了自已未來的愚昧行為。世界很小，我們要記得，將來也許還會在某處再次相見，不，應該是再也不見，比再見更難。

在公司等組織中工作的人更要注意，因為我真的聽過中堅企業的主管感嘆地說以下的話：

「曾經有個晉升部長的人選，到了升遷的季節，只要一到午餐時間都來找我一起吃飯。我也無法忽視他的努力，於是給了他高分，結果他成為公司裡年資最短的部長。但是你知道嗎？他從宣布升遷的隔天開始，就連個影都見不著了，哈哈哈。」

他又繼續說：

「我也不懂他，如果他在公司裡的目標是部長，也許還說得通，但如果想升到更高職位，或是哪天想自己做個生意，那他就鑄下大錯了。實際情況是，他剛當上部長沒多久，負責的部門發生了一些小狀況，卻沒有人為他辯護，雖然不是什麼大事，結果他還是辭職了。」

「不到最後都不算結束」這句話並非只有美國傳奇職業棒球選手才能說，在如戰場般的商場上更是這樣。請記住，就算結束了，都不是真正的結束。

這是個艱辛的時期，我們要彼此靠近，為創造美好的未來而共同努力，這就是為什麼我們不應該停止交流。因此，在有所收穫的時刻，我們應該用更大的溫暖，請求對方的協助，再繼續一起努力。

「金代理的溝通能力真的很強，以後也要繼續幫我。」

「多虧了部長的建議，我才能升遷，還請繼續關照。」

「如果朴次長離開我們部門，那誰來制定策略呢？讓我們一起努力吧。」

在大家以為你已經得到一切時，有勇氣跟對方說：「我需要你。」這句話會讓我們真正靠近彼此。

Part
3

延續：
讓關係持續的說話練習

即使很難立刻做到，我們還是要努力在日常生活中說出雖然不合邏輯，卻忠於情感的正面話語。仔細觀察對方所處的環境與情感，不知不覺中，就會發現自己正笑著面對他人。

不足之處將成為對話的養分

有個詞叫「麥口期」，意思是，在麥子將熟未熟之際還有一個難過的關，此時舊糧已經快吃完，麥子卻還未成熟，是農村糧食問題最為嚴重的時候。我在電視上看過一位老奶奶在採訪中這樣說過：

記者：韓戰時期過得很辛苦吧？

奶奶：當然啊，我經歷了好幾次生死關頭呢。

記者：爺爺先走了，您這樣撫養孩子很辛苦吧？

奶奶：抱怨有什麼用？都是我的命啊。

記者：到目前為止，你遇過最辛苦的狀況是什麼？

奶奶：世上最痛苦的事嗎？餓肚子，沒有什麼事比肚子餓更痛苦，所以我才要更努力地活著。

奶奶口中的麥口期我並沒有親身經歷過，所以無法確切了解她的痛苦，但聽到奶奶說飢餓是最痛苦的事，我深有同感。靠一年間收穫的糧食，撐到隔年麥子成熟，如此辛苦的麥口期，是祖先們經歷過最匱乏的時期。

奶奶認為匱乏就是痛苦，但正如奶奶最後說的那句話，如果能夠理解匱乏，它便能提示我們該如何親近這個世界。意思就是，匱乏能成為我們親近他人的自謙技術，為了能夠利用這項技術，我們必須先對匱乏一詞有正面的理解。

匱乏是什麼？匱乏代表需要補充沒有的東西，更正面地理解的話，也可說是渴望獲得新事物。如果沒有匱乏，也就不會有滿足感，如果一直處於被滿足的狀態，那就是超載了。因此，匱乏並不丟臉，有問題的只是想要隱藏自身不足的自己而已。

如果知道自己缺少什麼，那就不需要隱瞞。而且你知道嗎？告訴他人自己哪裡不足，我們就能以謙虛的態度親近他人。當然，我們要正確區分謙虛與卑躬屈膝，但如果我們能將自身的不足轉化為謙虛的態度，學習親近他人的對話技巧，適當地使用，這也許會有助於我們與他人建立良好的關係。

意料之外的是，我們身邊有很多人懂得如何將自身的不足轉化為成長的契機，並利用這點來拉近與他人的距離。韓國有些最頂尖的藝術家就大方地展示自己的不足，並表示這些不足有助於自我成長。

我看過歌手楊姬銀與主持人柳熙烈的一段對話，柳熙烈對楊姬銀說：「妳跟二十年前那種尖銳感覺已經不一樣了，現在好像是在包容我。」楊姬銀這麼回答：「有些失敗不是我能控制的，人生給了我這些考驗，不足是最強的推進力。」雖然楊姬銀是公認的大歌手，但人生中肯定有時也會感到匱乏與不足，她說這是「推進力的來源」，能如此大方說出來，真的很棒。

歌手ＩＵ也說過類似的話，她在個人YouTube頻道上有部影片，標題是「知恩眼裡的知恩」，影片中，她被問到：「非藝人的李知恩是怎樣的人？」她謙虛地表示：「撇開『ＩＵ』這個身分，只看其他的部分的話，若自問：除了工作外，我還有什麼擅長的事？還真的沒有。我的人生經驗不多，簡單明瞭地說，我就是個各方面都很不足的人。」

當被問到「妳認為自己最欠缺的部分是什麼」時，ＩＵ回答：「除了工作以外的所有方面都感到不足。」我們認為ＩＵ擁有了一切，她卻自認有所不足，看得出來，她為了表現更好而決心將自身的不足當作原動力，我覺得她真的很棒。

沒錯，**如果我們有所不足，可以用大方的態度來彌補，沒必要因他人的言語而受傷，也沒理由讓自己痛苦。當反省、謙虛與匱乏連在一起，往正面的方向前進，世上的一切都會成為我們的良藥，成為朝他人再靠近一步的力量。那如果我們責怪別人呢？這些心態最終都將一一成為自我傷害的凶器。**

有點難理解嗎？如果你還是覺得「大方面對自身不足」的概念很模糊的話，可以參考以下三組回應：

#1

「對，我就是不夠好，還能怎樣？」

「我知道我還不夠好，請不吝給予指教。」

#2

「我說話本來就比較粗魯。」

「如果我太粗魯的話，請一定要告訴我，我想改改自己的語氣。」

#3

「我是好不容易才進公司，而他本來就是很有能力的人。」

「他很會寫報告。我嗎？我的實戰經驗應該強上百倍吧。」

這三種情況中，你能感覺出哪些話是大方面對自身不足且謙虛的嗎？

還有一點要注意，對於不假思索就脫口說出他人缺陷的人，我們又該如何對待？先說結論，對於說話太過分的人、連對話基本禮儀都不懂的人，我們要理直氣壯地表達不舒服，這點很重要，我們應該跟對方說「不要這樣」。

保護自己是件美好的事，我們應該承認自身的不足，把它當作成長的契機，不過，若有人想利用我們的弱點，就應該跟對方說「不要這樣」，這是為了保護自己，保護我們的心靈。

當反省、謙虛與匱乏連在一起，
往正面的方向前進，
世上的一切都會成爲我們的良藥。

真實呈現情感的說話方法

我很晚才看二〇〇二年上映的電影《重裝任務》，劇情大概如下：第三次世界大戰爆發後，出現了名為「利瑞亞」的國家，在人稱「父親」的獨裁者統治下，國民在日常生活中的表情都是一樣的。國民之所以沒有任何情感，是因為被一種叫做「普羅寧」的藥物控制，這種藥物會使人感覺不到快樂、愛、厭惡等任何情感。利瑞亞的特警小組會把拒絕服用普羅寧的人除掉。

這部電影的英文名稱為「Equalibrium」，是心靈平靜的意思，但在電影中，這個詞被反過來使用，人類藉由普羅寧找到了心靈平靜，但與此同時，身為人的個性與人格卻被剝奪，成為獨裁者的傀儡。這部電影讓人感受到，缺乏感情的關係有多麼空虛。

我們的言語不也如此嗎？想親近彼此，言語中不能只有事實，還要加入適當的情感。在人際關係中，相較於一字一句的對話，很多時候，感覺更為重要。所以說話時，請稍微加入自己的情感，如果是正面的情感，就可以多放一點。以下我用上班的情況來舉例：

「文件格式居然可以這麼做！這對我的工作很有幫助，我可以安心了，謝謝。」

「你剛才好棒，那種情況下我也很慌張，你那句話說得很恰當，有驚無險，現在沒問題了！」

「沒想到你這麼厲害，真的出乎我意料，這件事我要告訴其他部門的人。」

因為表露了情感，所以在語言上也更能感受到人情味吧！話語少了人性化的一面，聽起來會很乏味，也會讓人覺得有距離感。撲克臉是和朋友們開玩笑或玩桌遊《狼人殺》時才會擺的表情，當然，世間險惡，所以在這個時代，我們也常常見到面無表情的撲克臉，但是在對話時，稍微放鬆一下沒關係。

即便如此，要是隨意表達負面情感，甚至用言語來傷害他人，讓關係破滅，那當然就不好了。我們要記住，尤其是用簡訊或通訊軟體交談時，文句中的任何一句話都可能傷到對方的心。我就聽過有人分享他的經驗：

「有個人一直以來和我關係很好，最近卻發生了一件傷感情的事，我們發生了一點小口角，之後我想重新修復關係，為了先搭話，我用LINE跟他聊天。但奇怪的是，透過文字交流彼此的想法和情感後，關係反而變得更糟了。不只我如此，對方也是這樣，明明就知道彼此的意思都不是那樣，卻會因為一個用字就讓人很介意而吵來吵去，結果關係就惡化了。」

聽說對話結束後，雙方就不再見面，也不再說話，關係直接變冷淡。

沒錯，要用文字傳達情感給對方是非常複雜且困難的事，文句中的一個詞也許就會毀掉一切。

也有很多情況是說話態度的問題，這是自認邏輯很好的人經常犯的錯，將他人的話語全部分別歸類成原因或結果，然後找出問題點，就會變成用指責與教育的態度在跟對方說話。我們應該直接接受他人的心意，但是卻很難做到。

當然，要忍住不說我們本能會說出口的話，並不容易。我們應該先理解他人，再忠於自身情感，但要理解他人並不容易，在這種情況下還要克制自身情感，常常讓我們先厭倦了自己的情感。

不過就算很難，我們也要做到。整理好自身感情後再說話，也要先考慮對方的情感後再說話。

希望我們說出口的話充滿了安慰與共鳴，以理服人固然好，但我們應該摒棄單憑邏輯就想掌握世界的愚蠢想法。

即使很難立刻做到，我們還是要努力在日常生活中說出雖然不合邏輯，卻忠於情感的正面話語。仔細觀察對方所處的環境與情感，不知不覺中，就會發現自己正笑著面對他人。

對話偶爾也需要休息

說話也是需要休息的，好好休息，才能把話說好。對話需要消耗相當大的能量，因此不斷說話會讓人身心疲憊，就如同不懂得休息的人沒辦法把工作做好的道理一樣，不懂得休息的人也沒辦法把話說好。韓國有個電視節目叫《終極討論》，我覺得節目宗旨不錯，但節目名稱聽起來很殘忍，關於這點我不是很滿意。

為了親近他人，我們要分清楚說話與傾聽。我想把這個節目命名為「休息的對話」，對話如果沒有休息，我們就很難期待它有好的品質。如果不休息，一味地工作的話，就會在某處出紕漏，同理，不停地說話和不停地傾聽，都是犧牲自己身心的事情。

為了親近他人，表現傾聽與同感的態度是很好的，不過，如果犧牲掉自己的靈魂就不好了。

對話也是需要休息的。因為要重新開始，所以我們需要休息，對話也是如此。如果想把目前的工作做得更好，希望你能在對話中確保屬於自己的休息時間，因為好好休息後所說的話，會以優秀的成果回報我們。

對話中的休息，當然不是突然中斷與他人的對話，躲到某處，這種行為只是逃避而已。在對話中暫時休息，並不是被動、消極的，反而是為了建立更好的關係而靜靜地努力。請記住，休息的對話，絕對不代表封閉的對話態度。

那麼，對話中的休息是什麼模樣呢？來舉個例子吧，假設現在是悠閒的週末傍晚，你和寶貝兒女與另一半久違地在住家附近的公園散步，這時手機發出震動，是LINE在響，你畢業的大學群組邀請你加入線上聊天室，進去一看，裡面有五十多人。

對話開始了，「好久不見」這種索然無味的問候也只是暫時的，「週一股市會如何？」「這次某人當上主管了！」各種與你無關的話題層出不窮。

原本要和心愛的人懶洋洋地散步，線上聊天室卻打破了平和，你想在這個窄窄的視窗裡消耗能量嗎？

如果是我的話，我會這樣說：「我現在有急事，之後再進來聊。」然後就關掉通知。之後進聊天室，如果發現有些對我人生成長有益的內容，我就會待著，但如果沒有特別的內容，只是充斥著自我炫耀或打破我日常和平的雜亂言語，我就會果斷地選擇離開聊天室。

為什麼呢？因為我不想把我的時間浪費在瑣碎的事情上。當然也是可以輕鬆看待，繼續待在聊天室裡和大家聊天，不過我認為，如果只是講一些對我心理健康一點幫助都沒有的言語，那就沒必要在那裡浪費我的能量，這就是我守護自己休息時間的方式。

這種情況比比皆是，工作上遇到某人，有時對話聊的不是工作本身，而是莫名其妙的內容。請看以下的對話：

對方：我看過那個，有《Running Man》裡的劉在錫。

自己：我也覺得那很搞笑。

對方：對啊，哈哈哈。對了，我昨天看了最新一集……

如果對方一直要討論昨天看過的電視內容，你會如何應對呢？你會脫離原本的對話，回應無聊的話到什麼時候呢？如果是我，我會這麼說：「啊，有訊息，理事說想了解這次的流程。」利用外部的狀況，讓對方了解你無法繼續回應無聊的話題。

我們要讓對方了解為什麼我們現在要對話，這不只是為了你自己，也是為了對方。因為投入到對話的本質上，才能有所收穫，並省下不必要的時間，這樣一來，就可以增加彼此休息的時間。

為了家人、為了你自己，最終也是為了對方，請你坦率地說出心聲吧。不是要努力對話，而是要好好對話，為此，我們要好好觀察對話的環境，如果對話脫離核心，變成無聊的話而停滯不前，請立刻導正，這就是對話的休息與對話的力量，也是適當地親近對方的說話技術。

舞蹈也分慢版與快版，當對話因對方單方面的要求而往莫名其妙的方向進行，也就是當對話變成「奇怪的快速對話」時，有幾種說話方式能將對話轉換成「方向正確的慢速對話」，請記住這幾種方式，這樣一來，在維持良好關係的同時，我們也可以做到自我防禦。

在對話中暫時休息，
並不是被動、消極的，
反而是爲了建立更好的關係
而靜靜地努力。

好對話，是把主導權讓給對方

我聽過一位中學老師的事，因為職業是老師，平常說話時，有時會展現出否定態度，例如和學生去中餐館，如果學生點了炒飯，他就會說：「在中餐館不應該吃炒飯，來中餐館還是要吃是炸醬麵和辣海鮮麵才對味！」他會無視他人的喜好，強行表示自己意見。

他並非不承認對方的喜好，而是根本就不關心他人的意見。雖然喜好這種事明明就是因人而異，但我們肯定也曾因為忘記這點而說出了什麼話或做了什麼事。

想透過對話讓對方照你說的做吧？我也是如此。沒錯，其實對話的目的，就是為了得到自己想要的東西，但千萬不要著急，雖然想控制一切，但要是將內心的想法原封不動地傳達給對方就糟了，如果換作是我們被人控制的話，也會感到不悅。

這就得出結論了，那就是，對話時要讓對方覺得自己擁有主導權。我們要注意，不要展現出想支配對方的樣子，反而要讓對方認為自己正掌握著主導權。這當然不容易，但正如作家卡夫卡所說：「一切罪惡皆源於兩個根本罪惡：沒耐性與懶惰。」著急會搞砸事情，對話也是如此。

說話就是消耗能量的事，因此在開始對話的那刻，我們會被焦急的心困住，心想：「我想展示自己擁有的一切，想一次說完所有事，想快點結束。」想要講幾句話，就像一切都有結論一樣，不想失去對話的主導權。

這時我們就要警惕了，重要的是，確認對方對於我們的言語是否有所準備、準備到什麼程度。要是誤會了對方的態度，例如對方說「喔？就聽你說說看好了」，拋出「不然就聽聽看吧」的信號，我們卻誤會成他願意接受，那就糟糕了。如果解讀錯誤，在對方眼裡我們就是個急躁的人。

其實我以前也是這樣的人。我長期與合作企業一起工作，但我經常說話很急促，沒辦法等待。

自己：您覺得怎樣？提案不錯嗎？

對方：我很喜歡，我們可能會是很好的合作夥伴。

自己：是嗎？我就知道你會這樣說，那就不用和其他企業的報價比較了吧？

對方：……

自己：我回公司就寄申請書給您，再請您用印回傳給我。

對方：……

這真的是急到不行的說話態度，更糟糕的是，要是看到對方因為我說的話而有點猶豫，我就會受不了。著急終究會引發問題，有時，我們為了趕緊得到結論，還會遭對方討厭。你有沒有遇過這樣的情形？自己享受掌握對話主導權的快感，而無法注意到對方的狀況。

對話可說是對一項議題的權力得失的微妙爭奪戰，「究竟誰主導了這項議題」，有時這個問題比對話內容還重要。明智的人就算取得了想要的一切，也會把話說得像對話方才是擁有主導權的一方一樣。

你經常聽到別人對你說「你想怎麼做就怎麼做」嗎？請小心，有句話是這樣說的：「誘惑真正的祕訣在於，讓被誘惑的人以為自己在誘惑別人。」要記住，在感覺到別人的控制的那一刻，想擺脫控制是人之常情。

之前的我們總是小氣地不想交出對話主導權嗎？討論也不要單純的討論，非要用終極討論的方式一決勝負才舒服嗎？但是，如果真的想贏，我們就應該讓出主導權。請記住寓言故事告訴我們的道理，無論北風怎麼颳風，旅人都沒有脫去外套，最終還是太陽用溫暖讓旅人脫去外套的。

關於對話，我們絕對不能製造自己一人獨贏的局面，因此，希望大家記住以下兩點：

第一，對話時，其中一人贏的越多，對方感受到的心靈創傷就越大。

第二，越是壓倒性地贏過別人，今後與對方的關係可能會遭遇越多困難。

只有在工作上是如此嗎？假設我們和家人一起出去吃飯，有人問：「吃什麼好呢？」這時不用跳出來喊：「這家的炸醬麵很好吃！」只要安靜地點你想吃的就好了。就算有人問你推薦什麼菜，也只要說：「這家的炸醬麵和辣海鮮麵都不錯。」這樣就可以了，或是說：「我也不知道該吃什麼，我就吃你點的吧。」這也是不錯的方法。

說一個故事給大家參考，我聽過一位備受認可的製藥公司銷售員說過，他跟客戶約見面絕對不會只提供一個時間，他說這是禮貌，他會這麼說：

「室長，您明天或後天下午有空嗎？請幫我選一個時間，如果這兩個時間都有困難的話，能告訴我下週一、兩個您方便的日期嗎？」

這是個聰明的對話方式，謹慎、有禮的語氣能讓對方往我們靠近。讓對方來選擇，我們則用言語來接受對方的選擇。即使沒有說話的主導權，只要能親近對方，進而一起分享心意並維持關係，對話主導權這種東西，就交給對方也沒關係吧。

對話高手是怎麼說話的呢？

讓吊車尾學生產生讀書自信的方法並非正向思考，而是透過讀書，獲取成功經驗。這一刻的成功體驗非常重要，只要有一科學習順利，學習引擎就有了動力。說話這件事也是如此，這一刻我們說了一句好話，和他人的關係變好，這個經驗也會提升我們的說話能力。

甘地說過：「未來如何，取決於現在我們怎麼做。」正如他所說的，**未來，我們與世界的關係，取決於我們現在怎麼說。此時此刻，我們所說的內容與形式，塑造了未來的內容和形式。**

當然，我們周遭有很多令人鬱悶的情況，雖然不想和不合拍的人打交道，但在職場中，卻不得不經常面對他們。

在很多人一起工作的職場中，必然會和不同於我的人對話，也就是要跟難以理解的人對話。上司利用自己的地位粗魯地說話，同事把我們不想暴露的私生活拿來消遣，後輩假裝不記得昨日談過的內容，說著另一套說法，要和他們面對面說話，總是令人感到痛苦且疲憊。

即便如此，我們還是想把事情做好，煩惱怎麼說話，改善能改善的部分，謹慎地說出每一句話，但問題是，說話這件事並非自己做好就沒事了，我認為，與他人交流對話，最終的核心問題應該在於，對話能為對方的成長帶來多大的貢獻。

職場上，特別會用言語創造成果的人，應該是負責銷售的人吧，他們熟知什麼樣的話能為顧客的成就帶來貢獻。在商場上，我們應該從自己的領域，說出對對方的未來有所幫助的話，這種說話方式，不是從「我的成就」出發，而是為了「對方的成就」而煩惱。

英文中有一組詞，分別是insight（洞察力）和foresight（遠見），insight有洞察力、理解等意思，代表分析多種訊息，將其內化之後再表現出來。比insight再更進一步概念就是foresight，foresight是預知力、遠見的意思，代表了想像、預測、具體化與現實化。

如果說「有洞察力的人所說的話」能讓我們獲得自己想要的東西，那麼，我想提出更高水準的說話方式：我們應該想辦法超越洞察力，找出對方想要什麼東西。關於對方從來沒想過的事，我們能提出一些建議，這就是「有遠見的人所說的話」。

現在讓我們來思考一下，對話中，有洞察力的話語與有遠見的話語，在觀點上有何不同，想一想該如何更完美地說出親近他人的話語。讓我們在商務溝通對話中找找看線索吧。

這個故事來自於一位在銷售領域活躍了二十多年的朋友，順帶一提給大家參考，他負責過許多顧客，是管理近百位員工的高階主管，也是位對話高手。究竟要怎樣說話，才能讓顧客站在自己這邊，據說這對於最近晉升銷售部門高階主管的他而言，也是很難的課題。在銷售過程中，他會留意人與人之間的對話，對於那些成功的對話，他也苦思過。關於說服他人，他有自己的說話方式，對此他是這樣解釋的：

「如果只是拿著現有的商品勸誘顧客消費，那是最低水準的銷售員，想成為最棒的銷售員，就要發掘顧客未來想要的商品，將它商品化之後，再向顧客提案。意思就是，我們應該比顧客更了解他的需求。你問我是怎麼知道的？當然就是靠學習啦。」

其實，聽完他這番話，我心裡多少有點詫異：「話說得簡單，這怎麼有可能辦到？我又不是客戶公司的成員。」那現在的我是怎麼想的呢？經過反省，發現我忽視了以下兩點。

首先，在公司外部積極觀察顧客的人，就是銷售員，我卻不了解這點。如今，企業單方面製造產品銷售給消費者的時代早已過去，我們要提前讀懂消費者的想法，再製造產品提供給消費者。如果你是銷售員，應該要能夠從客戶的角度，對公司的產品做出判斷，這才是所謂超越洞察力的遠見。

我還忽視了一件事，那就是，賣方的銷售員可能比買方的負責人更了解買方公司的內部情況。其實，公司的成員一般來說都只專注在自己負責的工作上，很少與其他部門的人共事，企業規模越大，這種情形就越嚴重。但賣方的銷售員呢？他能和買方公司中各領域的人對話，可以很平均地見到客服、會計、採購、技術與開發等各部門的人。

如果他能好好利用這個機會的話，會如何呢？前面提到的高階主管在當銷售員時，他實際從顧客那裡聽到了很多這樣的話：

「朴科長怎麼比我們更了解我們公司的文化？」

「朴科長好像比我們更了解我們公司的未來策略。」

「可以告訴我，公司經營團隊對我們部門的看法嗎？」

未來，我們所建立的關係，就是來自於這種超越洞察力、有遠見的話語。如果習慣這樣說話，就不再是你去找人，而是大家來找你了。期許你是這樣的人才。

讓人約定下次見面的一句話

據說以前每三到四年就會遭逢旱災，在該下雨的時期，若是持續乾旱，人們會舉行祈雨祭，祈禱天降甘霖。因為決定一年農事成敗的關鍵就是雨，所以祈雨祭是重要的活動，人們會用上所有可能的辦法。

只有我們的祖先如此嗎？據說美國亞利桑那州的原住民，在耕種的時節也會舉行祈雨祭，聽說只要他們舉行祈雨祭，就一定會下雨，而祕訣就是，一直舉行到下雨為止。這個故事很有名，雖然聽起來很愚蠢，但這種迫切的心意也讓人覺得很了不起。

我不想將祖先或美國原住民的祈雨祭視為毫無計畫地向上天祈求的消極想法，我認為這是一種帶著耐心的積極心態，是面對乾旱不挫折、不氣餒，即使方法用罄也要盡最大的努力。我們對話時不也是如此嗎？與其因為對方不靠近而放棄，不如不管多渺小的方法都試一下吧。

談話也要有祈雨祭的精神，抱持著能做的都試試看的決心。不要什麼都不做，所有方法都要嘗試，我認為這就是「對話的從容」。

在對話中加上祈雨祭的精神，我們會因為信任他人而感到從容，所謂的「溝通祈雨祭」就會在這種從容的態度下展開，此時就能揮別不懂得等待的急躁對話了。

舉例來說，假設你是上班族，你向合作公司的專案負責人提出了自認不錯的建議，但對方不冷不熱地回應：「這個提議很好，我很感謝，但現在無法馬上決定，怎麼辦呢？」這時你會怎麼回答？以前急躁的我會這樣回答：「怎麼了？有什麼問題嗎？你還想要什麼？就直接決定吧。」

我應該要注意到，當我這樣靠近對方的時候，對方也等速後退。現在，我們要記住一件事，我們可以等，但不要讓對方等。

我們要用祈雨祭的心意，耐心地等待對方，同時不讓對方等待。

如果有人說：「這個提議很好，我很感謝，但現在無法馬上決定，怎麼辦呢？」現在的我應該會這樣回答：「沒關係，您騰出時間聽我說話就已經很感謝了。」就算這次提案失敗了，我還是會說出約定下次合作機會的話語。

當然，我們也不能用這種態度強迫對方等待，若想從對方手裡得到想要的東西，就不能讓對方等我們的答覆等太久。

在銀行偶爾會遇到以下的情況，雖然還沒輪到某位顧客，這位顧客卻突然說：「我很急，請先幫我確認一下。」如果你是銀行的櫃台人員，你會怎麼說呢？以前的我應該會這麼說：「真是的，請等叫號喔，沒看到大家都抽號碼牌在等嗎？」

我說的話並沒有錯，但也不是什麼好話，這種發言可能引起對方不悅，也可能引爆其他衝突。如果用不一樣的意思說呢？其實意思也沒有不一樣，應該說，同樣的意思，我們該怎麼說呢？「雖然您很急，但今天顧客特別多，請您等候，我們會依序處理的。」

人稱語言煉金術士的美國詩人朗費羅說過：「好事會降臨在耐心等待

的人身上。」正如他所言，我們必須等待，但不能讓對方盲目地等待。在不得已只能讓對方等待的情況下，就算只是為了更靠近對方一點，也一定要確定對方需要什麼，跟對方一起感同身受，同時一定要說「讓我先了解一下」「我再去找找看有什麼方法」等話語。

把生氣的時間當作禮物送人吧

某人以擅長溝通聞名，有天，我問他一件正在苦惱的事：「我做錯事情，不知道該接受對方的憤怒到什麼地步。」

再怎麼說，我的工作必須透過溝通來取得成果，應該要習慣他人的異議、抱怨、不滿，但我卻因此感到辛苦，於是就對他傾訴了我的煩惱。

他是這樣回答的：

「憤怒是值得傾聽的信號。」

雖然我認同這個說法，但還是產生了「所以要怎麼辦」的疑問，他接著說道：「所以請給對方時間說話，直到他氣消為止。」

大家對這句話有什麼看法呢？因爭吵而浪費力氣的情況經常發生，不僅無法變得親近，還浪費時間、精力和情感，最終導致關係破裂。老實說，理解他人絕對不是容易的事情，我們很難理解他人，卻希望他人理解我們。

不同的人想互相理解，因此產生不必要的情緒，引發口角。如果我有權力，可能會乾脆用威脅的方式終結這種形況，但我們應該都不是有權力的人吧？絕大多數的情況都是對方突然發怒，我們覺得受傷，這時該怎麼辦呢？希望你能記住以下兩點：

第一，把憤怒當作對方的情緒信號。

第二，傾聽對方說話，直到對方氣消為止。

如果說話的時間不夠，氣就消不下來，舉例來說，假如你是某部門的組員，看到主管生氣，如果你做錯事情就會辯解，如果沒做錯就會反駁，但辯解和反駁的對話方式都不適合用來縮短彼此的距離。

美國詩人朗費羅曾說過：**「下雨時，最棒的方法就是讓雨一直下。」**正**如他所說的，當對方生氣時，最好的說話技巧就是沉默，並保持這個狀態。**

「自己氣消了」，大家應該都聽人這麼說過吧，人真的是如此，百分之九十九的怒火都是自己氣消的。這就是不疏遠所愛之人的對話技術。

你說你會忍不住嗎？有人對你說了無知又凶狠的話嗎？你可以一邊想著：「你的人生也只到這個高度而已，你還能怎樣呢？」然後假裝聽對方說話，這樣就可以了。也許對方會因為你傾聽的態度而消氣並反省：「我為什麼要這樣呢？」

因此，當有人氣急敗壞地問：「現在該怎麼辦！」在他們面前，我們要做的只有一件事，把生氣的時間當作禮物送給他吧！

你就當聖誕老人，毫不吝嗇地把生氣的時間送給他吧。只要對方不是毫無理由地一整年都在折磨你，你就只要做一件事就好，好好地傾聽。對方毫無理由地生氣，我們卻用各種理由想說服對方，得到的回應就只是對方更大的聲音與更嚴重的斥責而已。

有沒有更積極的應對方法呢？有的。某天我搭公車回家，有位醉漢上了公車，是個有點年紀的人，一上車就胡言亂語到處罵人。他說的都是些莫名其妙的話，說自己討厭哪位政治人物，說最近的孩子都很沒禮貌等難聽的話，而且還不懂得適可而止。一位乘客忍無可忍，責罵了醉漢：「喂，小聲一點吧！」醉漢瞪著眼睛，非常凶惡地大喊：「是哪個傢伙？」這時司機站了出來。

司機：先生，您剛剛喝了藥酒吧？

乘客：對啊，我喝了，怎樣？

司機：您累了吧？最近我的生活也過得很辛苦。

乘客：什麼？

司機：但也沒辦法啊，為了生計，還是要努力生活。

乘客：……

司機：我會安穩地把您送回家的，您在哪一站下車？

乘客：新東亞公寓。

司機：好，話說回來，今天天氣真好，開個窗吹吹風吧。

這司機很帥吧？總之，我覺得在那一刻，不只這位被世間殘害的醉漢，還有公車上的所有乘客，大家的情緒垃圾都在瞬間消散了。司機說的話如何呢？是在辯解、找藉口或用敵對的方式應對嗎？都不是。他沒有刻意去消除對方的誤會，只是說出傾聽、安慰、共鳴的言語。對話達人並不在教人溝通或演說的教室裡，而是正開著公車呢。

下雨時，
最棒的方法就是讓雨一直下。
當對方生氣時，
最好的說話技巧就是沉默，
並保持這個狀態。

破壞關係的三種說話習慣

思考要如何和對方說話時，觀察自己之前是怎麼說話的很重要。觀察從關心開始，所以要注意自己有什麼錯誤的說話習慣。關於對話中可能成為問題的說話習慣，我挑了三個出來：

第一，不說沒意義的話。沒必要說，或是說了也沒什麼幫助的話，都不要再說了。例如，嘴上說「我會好好做」，卻不知道要好好做什麼；一直說「老實說」，卻一直在騙人；說「這是祕密喔」，只會讓人覺得你說話很輕浮。

第二，遠離藉口。富蘭克林曾說過：「善於辯解的人，很少會善於做其他事。」每次都遲到的人會辯解：「因為攔不到計程車才遲到。」沒把工作做好的人會辯解：「因為系統出錯，信才沒寄出去。」辯解只會讓對方覺得

「所以你到底要怎樣」。我們只要說「對不起」就可以了，不必補充各式各樣的藉口。

第三，不要用找碴的口氣說話。不要說「你是不是搞錯了」，這會讓對方覺得自己在他人面前丟臉；不要說「絕對不是這樣」，這會讓對方覺得「什麼叫絕對不是？你再說一次看看。」我們應該杜絕這些說話的口氣。

這三種說話習慣會阻礙我們親近他人，破壞彼此關係。最好確認一下我們說話時是否藏著這些表達方式。

當然，也會有人疑惑：「為什麼我需要為了說話做這麼多的努力呢？」對於不能在說話時表現自己本來的樣貌，我也覺得遺憾。如果我們很幸運地是強者或有權力的人，那就沒差，不過，如果我們是弱者或沒權力的人，就算因為對方的緣故受了委屈，也還是必須親近對方，必須小心翼翼地說話，老實說，這真的有點悲傷。不然，我們就這樣想：這是為了自我防禦而做的最低限度努力。

問題是，就算我們盡了最大的努力去說每句話，對方卻不一定能好好接受我們出於好意而說的話語。

請看以下的對話，上班族的你和語氣粗魯的主管在對話。

主管：這項服務是採取什麼方案？
自己：據我了解是A方案。
主管：是嗎？你確定嗎？
自己：我先確認一下……
主管：工作怎麼做成這樣！
自己：我可以確認後再告訴您嗎？
主管：還要確認什麼啊！
自己：……

主管斥責：「連這種事都不知道嗎？」你回答：「對不起，我不太清楚。」至此，你該做的事情都做了，如果主管還是罵不停，我想，也許是你該換部門的時候了，因為你已經用最好的方式跟主管溝通過了。

我們已經很注意自己的說話方式了，然而，努力卻不一定奏效，這會讓我們陷入「是不是只有我一個人在努力」的自我懷疑之中，這應該就像往無底洞裡倒水的感覺吧？

其實，**對話是雙向的，鼓掌也是兩隻手碰在一起才能發出聲音，如果只有自己一個人在努力，就會覺得辛苦。即使如此，我們還是要好好說話，不要洩氣。**

希望世界能變得更好，希望我們能留意說好話，期待有天，想親近他人的好意能好好地被接收，如此美好的結果也能延續到未來。

驅除無賴的技術

世上為什麼會有這麼多無賴呢？嗯，當然我也要先老實說，以前的我肯定也是個無賴。雖然我認為我是在主張自己的正當權利，但不管怎樣，一切都應該站在被害者的角度思考。總之，希望我們身邊都沒有無賴，雖然我們並不害怕無賴，但因為不想淌渾水，還是希望能避就避。

但無論過去、現在、未來，我們總會遇到耍賴的人，尤其當你的工作必須面對不特定的多數人，遇到無賴的頻率與強度應該相當高。

假設你是咖啡廳店員，早上十一點開門，你帶著輕鬆的心情迎接客人。當第一位顧客上門，你手腳俐落地沖了一杯咖啡給他，過了一會兒……

顧客：咖啡好難喝。

自己：什麼？

顧客：為什麼咖啡有奇怪的味道？

自己：奇怪的香味嗎？

顧客：什麼香味？是臭味吧。

自己：對不起，我重新沖一杯給您。

顧客：不用了，你們老闆呢？

自己：……

你聞了後，確認自己給顧客的咖啡香到沒話說，遇到顧客耍賴，光用想的就覺得心累，不知道他來的目的是要喝咖啡，還是要吵架。就算不在咖啡廳工作，也會經常遇到這種人，即使說了再合理的理由，不論怎麼跟他們解釋責任不在我們身上，他們也不會覺得吵得很疲憊，要稱呼他們為進擊的無賴嗎？

遇到這樣的人，我們會心想：「我為什麼要把珍貴的精力浪費在這些人身上呢？」

他們到底為什麼會這樣呢？答案出乎意料地簡單，因為他們就是他們。答案太簡單了嗎？但我們不得不承認事實就是如此，因為他們是不同於我們的人，所以才會那樣。我們要記住一個事實，如果把焦點放在耍賴的人為什麼會這樣，我們就很難建立起關係，因為在過程裡，最終心靈受傷的是我們。因此，我們要克服，不，應該說，我們要好好度過這一切。那我們能怎麼辦呢？透過對話來解決怎麼樣？驅除無賴的對話分三個階段，讓我們一個個來看吧。

第一階段是「毫不應對」。世上最有力的應對就是「毫不應對」，但這裡有個問題，如果跟日常中偶遇的人發生了糾紛，而那個人是所謂的無賴，那麼我們可以避開他。不過，如果這個無賴是經常或偶爾會見面的人，那麼單靠毫不應對，很難克服難關，這時就要進入下一個階段。

第二階段是「對他人的不滿做出反應」。不要試圖反駁對方的不滿，不需要解釋，只要做出反應就好。即使有再合理的理由，解釋起來，也會變成像是在教育對方。明智的對話技巧是，不要為對方的不滿多做解釋。

顧客說咖啡有怪味，身為店員的你，有兩種方向的對話方式：

「這杯咖啡是照標準程序沖的，味道很怪嗎？」

「是嗎？是沖咖啡的時間有問題嗎？」

我們來比較一下這兩種對話吧？該怎麼跟無賴顧客說話呢？當然是用第二種對話方式。

如果能再進一步會更好，當對方說「你搞得亂七八糟」時，你就說「真的是亂七八糟啊」，要贊同對方的不滿，而且要表現得比對方更強烈。

對方說是A，你就說是AA，不管這對你是不利還是有利，這是一種附和，也是肯定對方的想法，如此一來，對方就會冷靜下來。只要肯定對方的想法，說「好像是耶」，這樣就好了。

要是多做解釋，回到自己身上的，就只有再次的找碴而已。所以，請停止解釋，不，應該說，要透過忍耐來度過危機，等對方激動的情緒平息後，再接著說想說的話就可以了。

「啊，咖啡豆是昨天磨的，可能是機器出了問題。多虧有您我才能再確認一次，真抱歉，謝謝您。我會再沖得更好喝一點，請您耐心等待。」

這時再多加一句話怎麼樣？

「您好像非常懂咖啡，以後也請經常光顧，多給我們指教。」

如果能對他人的不滿表達同感，甚至認同，這就等於把對話的主導權交給對方，如果能這樣說話，即便你送上一模一樣的咖啡，對方應該也會說：

「嗯，咖啡味道真不錯。」

驅除無賴最終的第三階段是「反覆感謝」。對方越無賴，就越要感謝，他們之所以用耍賴的方式生活，是因為他們很孤獨。如果對這些無賴反覆表達感謝會怎樣呢？如果做到讓對方尷尬為止呢？沒錯，你就會是贏家。

「一開始就應該沖出好喝的咖啡給您的，對不起。但我又學到了一課，謝謝您。」

「多虧了您的指教，讓我學會怎麼沖更好的咖啡，謝謝。」

現在，你可以用一句話讓無賴退散了。

越說就越厲害的一句話

有幾種方式可以把話說得漂亮，其中最厲害的方法還是稱讚。不過，稱讚可不容易，想把話說得漂亮，應該從對方的觀點出發，要是突然從自己的觀點出發，說出來的好話就會產生問題。舉例來說，我久違地見到某位朋友，大學畢業已經十年了，聊著聊著，我跟對方說：「你一點也沒變啊！」

朋友聽完後皺了一下眉頭，雖然我稱讚他「還保有原來單純的心」，但聽在他耳裡，卻彷彿指責他沒長進，一直停留在過去的狀態。那位朋友希望自己每年都有所變化與成長，所以臉色一定會沉下來。要稱讚的話，就要好好稱讚，站在對方的角度講優點。

雖然稱讚並不容易，但我還是希望你能大膽地稱讚他人，因為比起無故擺臭臉或揭人短處，稱讚是很好的事。「名譽就算與人分享也不會減少」，我想把這句話改成「稱讚就算與人分享也不會減少」，如果發現了別人的優點，就大大地稱讚他吧。

你聽說過「稱讚的逆襲」嗎？有天，我在電視上看到一部紀錄片，節目講述了錯誤的稱讚會產生的影響，內容是觀察兒童與青少年，分析父母或老師的稱讚導致的負面影響。大家是如何稱讚子女的呢？大多數的人會像這樣稱讚：「你考九十五分！你是數學天才吧？你最棒了，沒有辜負媽媽的期望啊。下次一定要考一百分！」

這部紀錄片說這種稱讚有問題，比如，稱讚孩子是數學天才，這種對結果的過度稱讚，會給當事人壓力，讓人擔心如果下次做得不好怎麼辦，也許還會讓他產生傲慢的心態。這部紀錄片也提出解決方式，告訴我們要怎麼正確稱讚他人：「雖然你很努力了，但還是有些遺憾，本來應該可以考更高分的。要再加強哪個部分，你才能考得更好呢？」

我覺得這聽起來有點奇怪，這個稱讚真的合適嗎？我們一起來想想看原因吧。節目提供的方式是，不要稱讚結果，我們應該關注過程中的成就感，並完全地感同身受，站在這個角度來稱讚。但這真的是稱讚嗎？這是偽裝的稱讚，不，應該說是完全感覺不到稱讚的指責吧？

對結果毫不猶豫地說：「哇！你最棒了！」看起來可能會有點誇張，但讓我們反思一下，你有見過過度誇獎的父母、老師或職場上司嗎？沒有，打從一開始就沒有稱讚這回事，那我們幹嘛還要煩惱稱讚的內容呢？

擔心稱讚會給人壓力或讓人傲慢，所以應該克制的想法，到底又是什麼意思呢？這個說法實在很難說服人。這句話的意思是「我不想稱讚人」或「我為什麼要稱讚人」，這不是親近他人的話語，而是在中間築起一道牆吧？太多的稱讚會變成毫無意義的對話與溝通嗎？嗯，世上真的有人對別人的稱讚，多到會變成毫無意義的對話與溝通嗎？

我想把這個時代稱為「稱讚結束的時代」，我認為沒有所謂稱讚過多的說法。過度的稱讚會招來嫉妒，會遭人臆測與背後議論，會被視為偏愛，因此稱讚是危險的，真的是這樣嗎？這種負面的煩惱能勝過稱讚的正面效果嗎？你也覺得稱讚他人是危險的事嗎？

當然不能一味地稱讚，我也不是無法理解那些擔心稱讚會帶來反效果的人，雖然稱讚比批評更有效，但我也認同氾濫式稱讚的副作用不容小覷，不過，請想一想，世上不是充斥著批評嗎？在我們周遭要找到稱讚容易嗎？活在稱讚已經消失的世界裡，我們為何要先擔心稱讚帶來的副作用呢？

我們一天要聽幾十次的批評，不只學齡前的兒童如此，從小學生到大學生、上班族也常聽到「不能這樣」「不能那樣」「是怎樣」等話語。就問問大家吧，最近一週內有誰聽過「你真的做得很棒」這種極為單純的稱讚？應該相當少見吧。對連一次稱讚都很難聽到的人而言，親近他的方法不就是給予他從未聽過的稱讚嗎？因此，我們就放心地稱讚他人吧！

活在稱讚已經消失的世界裡，
我們爲何要先擔心稱讚帶來的副作用呢？

對無禮之人說的一句智慧話語

我聽說過韓國某家企業客服中心的準則，你以為他們的準則是把顧客當國王般侍奉嗎？不是，據說這家公司在考慮顧客前，會先想到客服人員。如果是過去的時代，可能會被指責說：「公司應該以客為尊，怎麼能這樣？」但時代不同了，我覺得這是一家不錯的公司。好奇他們是怎麼做的嗎？以下就讓我舉例說明吧。

顧客：為什麼還沒有開通？我都等十分鐘了。

客服人員：您一定覺得很不方便，但是號碼移轉需要花一點時間，還請您諒解。

顧客：你說什麼？你是在跟我開玩笑嗎？算了，馬上叫你們的負責人來聽。

客服人員：不好意思，請您再稍等一下。

顧客：你說那什麼鬼話，你是瘋了嗎？喂，你叫什麼名字？馬上來我家道歉。

客服人員：啊，顧客您這樣，我……

顧客：我有重要電話沒接到，蒙受損失，你要賠錢。

客服人員：……

顧客：聽懂了沒？你不說話嗎？你這個×××，想死嗎？

這光用讀的就讓人生氣。我們得承認世界上真的有這樣的人，世界很大，什麼樣的人都有，不過，我們不能單方面被欺負，面對這種無禮之人，不，應該說是面對這種無禮的蠢貨，我們該怎麼應對呢？我想過兩種應對方式。

第一種方法是「無視」。客服人員如果接到無賴顧客的電話，就果斷地掛斷電話。

「我有重要電話沒接到，蒙受損失，你要賠我一百萬，聽懂了沒？你不說話嗎？你這個×××，想死嗎？」客服人員聽到以上的話，就說：「我要掛電話了，謝謝。」然後直接掛斷電話。很乾淨俐落吧？過去的客服中心把單方面展現親切這件事放在首位，然而這個做法與過去不同，令人驚訝。

實際上，韓國某家信用卡公司在工作守則中就有一項突破常規的準則，那就是當客服人員面對所謂的「無賴顧客」（老實說，「無賴顧客」能被稱為「顧客」嗎？應該就只是「無賴」而已吧。我認為把「顧客」這個美麗的詞彙，接在「無賴」這個骯髒的用語後，對顧客很失禮），如果對方講粗話，客服人員就直接掛斷電話。如此一來，不僅該公司客服中心員工的離職率降低了，對於急著打客服中心電話的善良顧客而言，等待時間也縮短了。

服務業界一向以顧客為尊，但這家信用卡公司的政策卻意外地被人接納。在一味地對顧客展現親切的服務業，稍不留意就會給顧客留下不夠親切的印象，打擊到品牌價值，可以想像，實際在執行這項政策時，肯定會發生一些問題，但就算我曾經是無賴，也很認同這項政策。

處理無賴的第二種方法是「記錄」。如果聽到粗魯的話，客服人員就用以下方式回應：「為了保護客服人員，顧客的對話內容都會錄音，請您斟酌一下。」聽到這樣的話，無賴會做出怎樣的行動呢？

不管是誰，只要知道自己的言語與行動會被記錄下來，就會馬上注意。聽到對方說自己所講的粗話會被記錄下來作為依據，就沒有那麼多人會隨便說話了。記錄下來，對方就會安靜。

現在你知道該如何把無禮的無賴顧客變成善良顧客了嗎？怎麼樣？很簡單吧？「無視」與「記錄」，對於沒必要親近的人，偶爾用一下疏遠的說話方式也沒關係。

對於沒必要親近的人，

偶爾用一下疏遠的說話方式也沒關係。

從容應對任何提問的回話技巧

來說說提問這件事吧。我們平常是否正確地提問呢？還是只問「封閉式問題」呢？封閉式問題是可以用是與否來回答的問題，比如「吃飯了嗎？」「忙嗎？」「週末要休息嗎？」等等。封閉式問題只適合用在確認他人的基本資料時，不適合用來確認對方的想法。

與之相反的是「開放式問題」。開放式問題的例子有哪些呢？比如以下的問題就是開放式問題：

「關於這個部分，能說一下你的感受嗎？」

「如果我沒有誤會的話，你的意思是……嗎？」

「可以告訴我關於他的趣事嗎？」

「這對你本人來說代表什麼意思呢？」

為了親近他人，我們要熟悉這種開放式問題，因為這些問題是讓我們察覺他人心意的線索。

了解完提問，那麼現在該回答問題了。有人說：「好好提問、好好回答，才是最完美的對話。」提問的成敗在於回答。

但回答問題哪有那麼容易，問題來的時候，我們不會預先想好答案。尤其是突如其來的提問，我們會驚慌失措，根本沒時間多想「對方問這句話的意圖到底是什麼」。那麼，一直以來，你都是怎麼回答問題的呢？假設主管突然問起計畫案的進展……

主管：計畫案進行得順利嗎？

自己：這個……到目前為止好像還不錯，但競爭者一直提出比我們更好的條件……公司的價格政策也是個問題，我們要用這報價到什麼時候呢？顧客那邊最近也換主管了……

主管：你到底在說什麼？

自己：……

從回答中就能看到驚慌失措的模樣。如果主管很具體地詢問計畫案的某部分，回答起來也許還容易一點，但並非所有的主管都是提問達人或溝通達人，所以常常會接到這種籠統的提問。雖然主管提了個爛問題，但我們還是要回答得恰到好處。

如果只會責怪提問的對方，無法解決任何問題。因此，關於回答問題的技巧，我提出「五階段回答法」，希望你能熟用這些回答技巧，從容回應突如其來的問題。

某個悠閒的下午，主管突然走過來問：「計畫案進行得順利嗎？」這時你怎麼回答呢？

第一階段是「摘要」，就是再重複說一次對方的提問。「您是說成功接下訂單的可能性嗎？」

第二階段是「具體化」，就是詳細說明目前的情況。「總共有三家公司提案，實際上會成為競爭對手的只有一家，我認為，接下來應該就是我們與該公司之間的競爭。」

第三階段是提出「案例」，也就是說明具體的事例。「昨天和客戶的專案負責人見面談過了，對方不願意透露細節，但也表示了我們公司的技術優勢比其他競爭對手強，價格卻沒有顯著差異。」

第四個階段是「未來」，也就是簡單說明提問方想了解的未來情況。「因此，目前我們公司成功接下訂單的可能性比競爭對手高，當然要全力拚到最後。」

最後階段是「幫助」。「我們會做好準備，以防萬一。若發生任何問題，我都會向您報告並請求協助。」

我們再回去看主管的提問，主管是在對你發出「警告」，他對計畫案成功與否感到不安，以提問的方式傳達這項訊息。這時，如果你冷靜地照這五階段來回答，主管會對你產生怎樣的印象呢？無論最後是否成功接下訂單，你應該都會被認為是一位擅長商務溝通的員工吧。

當對方的提問參雜著不安的情緒，像這樣有系統地回答，會拉近你與對方之間的距離。

漂亮的話包含加油與鼓勵

二〇二一年，全球富豪排行榜第二名是美國企業家亞馬遜的創辦人兼首任執行長貝佐斯，他在一九九四年設立亞馬遜網站，並將亞馬遜打造為最頂尖的新創企業。二〇二一年二月，他辭去亞馬遜執行長一職，轉任董事會主席。卸下執行長的職務後，他寄了一封信給公司內部成員。貝佐斯透過電子郵件向員工們提出的最後一項要求是，持續發揮獨創性和創造力，以下是信件的部分內容：

「現在，我們聘僱一百三十萬名有才能且盡責的員工，服務數億的顧客與企業，許多人認可我們是全世界最成功的企業之一。這是怎麼發生的呢？這都要歸功於創新，創新才是我們成功的根基，我們一起成就許多瘋狂事，然後把瘋狂變成他人的日常。（中略）據我所知，沒有一家企業的創新紀錄比亞馬遜優秀，我相信，現在正是我們最有獨創性的時刻。我希望各位能像我一樣，為我們的創新感到驕傲，而且你理當感到驕傲。」

到底一百三十萬名的員工是如何以各自的創意為基礎，打造出引領世界的創新產品與服務呢？我們來看看信件最後的部分吧。

「請持續創新，別因為構想看似太瘋狂而陷入絕望，記得讓自己的思緒漫遊，讓好奇心為你引路。記得，今天永遠是第一天。」

信件的最後提示了亞馬遜創新與創意的企業文化，「讓思緒漫遊」「讓好奇心為你引路」「今天永遠是第一天」，這些話應該能激發員工動力吧？

不過，這些話難道只是嘴上說說而已嗎？我很好奇貝佐斯在拉拔亞馬遜成長的過程中，是怎麼與員工溝通的。仔細了解才知道，他是一位會對失敗給予稱讚的執行長，就像信件的最後部分一樣。對失敗給予稱讚，這是什麼意思呢？例如，亞馬遜為鼓勵員工挑戰創新的想法，制定了名為「Just Do It」的獎勵制度。

貝佐斯認為，從草創期開始，組織階層就是創新的最大阻礙要素，著眼於此，只要員工認為自己的創意對公司有幫助，就算沒有主管的許可，他也鼓勵員工去執行。他對真的去執行的員工不追問，也不追究，還會送上以「Just Do It」為口號的Nike球鞋作為禮物。

也許有人會想：「這不就是一般企業都會實施的獎勵制度嗎？」真的是如此嗎？大多數的企業真的會寬容到對員工的失敗給予稱讚，並獎勵他們嗎？禮物應該只會給挑戰成功的人吧？公司若想親近員工，就算挑戰失敗，也要給予稱讚和鼓勵，然而，我們卻忘記了這一點。

如果你是主管，我想請問，對於下屬的失敗，你給過獎勵嗎？我很好奇會得到怎樣的回答，希望能聽到你說「曾經有過」。因為在你這家會對失敗的挑戰給予獎勵的公司裡已經種下了種子，未來公司將可能長成如亞馬遜般厲害的世界級企業。

有句話說：「當一個人因自卑而猶豫不決時，另一個人則忙於犯錯而成為更優秀的人。」這句話的意思是，失敗是成功的重要過程，然而，大多數的企業與領導者都只著重在失敗的結局上，認為失敗是要被懲罰的對象，因此，不知不覺中，組織裡再也沒有人敢站出來做有挑戰性的工作了，組織與成員之間的距離也只會越來越遠。

了解後我才發現，其他國家也有像亞馬遜這樣，對挑戰失敗的人給予獎勵而非懲罰的組織，日本的本田、德國的BMW，還有韓國的第一企畫都有這種制度。本田會選出失敗王，BMW則有本月最具創意的失誤獎。

韓國廣告公司第一企畫在簽約失敗時，執行長會寄一封電子郵件給組員，表示：「儘管不容易，但大家都為此盡了最大的努力，我想鼓勵大家並慰問大家的辛勞，希望大家不要執著於失敗上，以後也要持續嘗試創新。」

我們每天都在面對新的挑戰，也會面臨一些看似辦不到的事，這時，如果有人鼓勵我們：「失敗也沒關係，就挑戰看看吧！」這樣會有多暖心呢。

沒跌倒過的人，只是沒冒險過的人而已。不過，如果摔倒時，大家都視而不見並指責我們，讓世界充滿了冷酷的話語，那我們也很難鼓起勇氣重新站起來。

Netflix正在播出的日本綜藝節目中，有個形式很單純的節目叫做《我家寶貝大冒險》，在一集十分鐘左右的短短時間裡，觀察孩子們挑戰人生中第一次的跑腿任務。雖然孩子會覺得跑腿任務很難、很害怕、很辛苦，想要放棄任務，但周遭的人都會給予支持與幫助，孩子們最終還是完成了任務。

周遭的人用溫暖的心看著孩子，看著孩子犯錯並替他加油，這讓人看了很感動。這個節目讓人感受到，這個世界不只是冷酷的競爭社會，也是互相鼓勵、充滿關懷的共同體。大人們對孩子跑腿任務的難處感同身受，並欣然地幫助孩子，這畫面展現了世界的美妙！

如果我們也能對害怕失敗的人懷著同理心，支持他們、安慰他們，那世界與我們的距離會更加靠近吧。我們能成為這樣支持並安慰他人的人嗎？

漂亮的話包含加油與鼓勵，如果我們能溫暖地看待那些努力過、卻無法實現的無數次失敗，那我們就能更親近他人了。

後記

期許將來的你，習慣用「漂亮話」來代替「醜話」

新冠疫情延續了兩年以上的時間，老實說，我很想念他人的話語，當然，這絕不代表想聽到別人指責、強迫、冷嘲熱諷等負面話語。當你對他人說：「我好痛、好辛苦又好累。」你可能會聽到，不，應該說，你想聽到對方說：「你哪裡不舒服？很辛苦吧？」我們無法否認，自己真的很想念這些話語。

然而，現在想到要再親近他人，都成為一種壓力。世界解封後，人們不管三七二十一就靠近他人，把一切都視為理所當然，看到這種情形，更加深了我的想法。經過這段時間，我希望大家至少要了解說話的禮儀，不過，還是有很多人完全不懂。我聽過很多周遭發生的例子，有些人用不好聽的話代替了漂亮的話，講了很多醜話，還有奇怪的話。

據說因社交距離政策鬆綁，有人一見面就像取得了可以隨便說話的通行證，馬上就冒犯他人。某位主管聽人說保持正面態度最好，就把組員聚集到會議室，對於很難達成的計畫案，他笑著說：「一定有辦法的！會改變的！」當然，要尋求方法，改變情況的人並不是主管自己，而是聽到這句話的組員，主管不考慮目前的情況與各組員的狀況就說出這種話，這句話就成了醜話。

還不只這樣，某位主管在訓練課程中學到，當別人犯錯時要表達自己的情感，這位主管就說：「你這樣把報告書拿給我，我不是很開心。」下屬聽到這句話無法掩飾自己的表情，主管則威嚇道：「我參加完訓練課程後想有所改變，但為什麼你聽我說話是這種表情？」真是不可思議，這算是極具代表性的醜話。

讓我們靠近他人、面對他人，最終讓關係持續下去的話語，是漂亮的話。我們的目標不在於「會說話」，而是會「好好說話」。那些不考慮他人狀況就威脅對方說「為什麼不接受我」的人，把難聽話當作武器，想藉此掠奪他人的肯定或感情，這種人沒有人會喜歡。

我不希望你只是表面上說漂亮的話，希望你能發自內心，擁有美麗的心，並說出美麗的話語，希望我們都能成為把話說得漂亮的人。

是時候建立關係了，如果成為能好好說話的人，如果能從容地說出漂亮的話，那麼，重回正常的日常生活後，我們還是能好好守護自己，和他人的相處也會變得更加幸福吧。

說話前，先思考；思考前，先好好觀察，然後向他人說一句漂亮的話，如此就能讓關係、讓世界變得更美麗。

希望我們能對他人保有淡然的包容心與開放的接受力，不是成為一位「會說話」的人，而是成為會「好好說話」的人，把話說得漂亮，輕鬆獲得

自己想要的東西。

希望在這個疏遠後又重新親近彼此的世界裡，這本書對你的溝通能力能有所助益。

我會為你加油的，謝謝。

圓神出版事業機構 Eurasian Publishing Group 用心與你對話．視野無限寬廣
先覺出版社 Prophet Press
www.booklife.com.tw reader@mail.eurasian.com.tw
人文思潮 163

我喜歡說話漂亮的你：觸動人心的對話溫度

作　　者／金範俊（김범준）
譯　　者／陳思瑋
發 行 人／簡志忠
出 版 者／先覺出版股份有限公司
地　　址／臺北市南京東路四段50號6樓之1
電　　話／（02）2579-6600・2579-8800・2570-3939
傳　　真／（02）2579-0338・2577-3220・2570-3636
副 社 長／陳秋月
資深主編／李宛蓁
責任編輯／劉珈盈
校　　對／劉珈盈・林淑鈴
美術編輯／金益健
行銷企畫／陳禹伶・林雅雯
印務統籌／劉鳳剛・高榮祥
監　　印／高榮祥
排　　版／杜易蓉
經 銷 商／叩應股份有限公司
郵撥帳號／18707239
法律顧問／圓神出版事業機構法律顧問蕭雄淋律師
印　　刷／祥峰印刷廠
2023年4月 初版
2024年1月 5刷

예쁘게 말하는 네가 좋다

定價350元　　ISBN 978-986-134-454-6

說話前，先思考，思考前，先好好觀察，然後向他人說一句漂亮的話，如此就能讓關係、讓世界變得更美麗。

希望我們能對他人保有淡然的包容心與開放的接受力，不是成爲一位「會說話」的人，而是成爲會「好好說話」的人。

——《我喜歡說話漂亮的你：觸動人心的對話溫度》

國家圖書館出版品預行編目資料

我喜歡說話漂亮的你：觸動人心的對話溫度／金範俊 著；陳思瑋 譯.
-- 初版 . -- 臺北市：先覺出版股份有限公司，2023.4
256 面；14.8×20.8 公分 --（人文思潮；163）
譯自：예쁘게 말하는 네가 좋다

ISBN 978-986-134-454-6（平裝）

1. 說話藝術　2. 溝通技巧　3. 人際關係

192.32　　112002168